Step by Step
이미지메이킹

Cengage

Step by Step Image Making

Kim Sun Jung
Lim Eun Jeong
An In Suk

ISBN-13: 978-89-6218-549-2

Cengage Learning Korea Ltd.
14F YTN Newsquare 76 Sangamsan-ro
Mapo-gu Seoul 03926 Korea

Cengage is a leading provider of customized learning solutions with employees residing in nearly 40 different countries and sales in more than 125 countries around the world. Find your local representative at: **www.cengage.com.**

To learn more about Cengage Solutions, visit **www.cengageasia.com**

Printed in Korea
Print Number: 01 Print Year: 2023

IMAGE MAKING

Step by Step

이미지메이킹

김선정 | 임은정 | 안인숙

Cengage

Australia • Brazil • Canada • Mexico • Singapore • United Kingdom • United States

Step by Step
이미지메이킹

초판 1쇄 인쇄	2023년 8월 9일
초판 1쇄 발행	2023년 8월 16일
지은이	김선정, 임은정, 안인숙
발행인	송성헌
편집기획	김민정
발행처	센게이지러닝코리아(주)
등록번호	제313-2007-000074호(2007.3.19)
주소	서울시 마포구 상암산로 76 YTN 뉴스퀘어 14층
이메일	asia.infokorea@cengage.com
홈페이지	www.cengage.co.kr
ISBN-13	978-89-6218-549-2

정가 27,000원

Preface

대학생은 학생, 청소년, 미성년의 시기를 넘어 한 사람의 어엿한 성인으로서 사람들을 만나고, 그들과 소통하며 자신의 인생을 빚어 가기 시작하는 시기입니다. 어떤 일이든 그 일을 처음에 어떻게 인식하고 받아들이는지에 따라 결과가 달라질 수 있다는 사실은 모두가 잘 알고 있을 것입니다. 한 사람의 인상도 그렇습니다. 자신의 이미지는 다른 사람들이 자기를 바라보는 인상(impression)을 결정하고, 좋은 인상으로 다른 사람들의 호감을 얻게 되면 사회에서 한 발 더 앞서 성취할 수 있음은 자명합니다.

이미지메이킹(image-making)은 한마디로 자기 이미지나 인상을 다른 사람들에게 좋은 모습으로 각인시키는 것을 말합니다. 이제 첫 사회생활을 준비하는 대학생이라면 자기 이미지가 과연 어떠한지 객관적으로 평가해 보고, 이미지 특성을 살려 다른 사람들에게 좋은 모습으로 다가가려는 노력을 해야 합니다. 이미지메이킹은 자신과 어울리는 이상적인 이미지를 찾고, 좋은 인상으로 발전시키는 과정까지 내포합니다. 이미 이미지메이킹이 대학생을 위한 필수 교육 분야로 자리 잡았기에, 대학생이라면 꼭 한 번 체계적으로 이미지메이킹에 대해 알아보고 체험하는 시간을 갖게 될 것입니다.

저자들은 다년간 서비스 현장에서 일한 경험과 관련 전문 교육을 통해 쌓은 전문성을 바탕으로 오랫동안 학생들을 가르쳐 온 이미지메이킹 노하우를 함께 나누기 위해 이 교재를 발간하게 되었습니다. 특히 처음으로 자기 이미지를 찾아가는 대학생들을 위해 대학 수업에서 활용할 수 있도록 다양한 예시를 첨부하고, 학생들이 원하는 이미지를 쉽게 찾고 응용할 수 있도록 이미지 분야별로 구성했습니다. 이 교재를 활용하여 자신의 이상적인 외적 이미지를 찾아 자신감을 북돋고, 내적인 면모를 발전시켜 더욱 풍성하고 성공적인 삶을 영위하는 데 큰 도움이 되기를 기대합니다.

이 교재는 한 학기 수업에 맞춰 12개 Chapter로 구성했습니다. Chapter 1에서는 이미지의 기본적인 개념과 이미지메이킹의 중요성을 알아보고, Chapter 2에서는 셀프 이미지메이킹의 분석 방법을 통해 자신에게 어울리는 스타일을 찾아보는 시간을 가집니다. Chapter 3에서는 헤어 이미지에 대해 배우며 다양한 헤어 스타일을 적용해 보고, 어떤 스타일이 가장 잘 어울리는지 찾아봅니다.

Chapter 4에서는 자세 이미지를 주제로 자기 이미지를 한층 돋보이게 하는 자세를 배우고 익혀 봅니다. Chapter 5에서는 자기에게 어울리는 색상을 찾고 활용하는 컬러 이미지를 다룹니다.

Chapter 6에서는 메이크업 이미지에 대해 배우며 자신의 얼굴 형태에 맞게 메이크업하는 방법을 알아보고, Chapter 7에서는 피부 이미지, 피부 관리법과 자신에게 맞는 스킨 케어 제품을 찾는 방법을 알아봅니다.

Chapter 8에서는 손 관리부터 네일 케어를 배우고, 자기만의 스타일을 찾아보는 네일 이미지에 대해 알아봅니다. Chapter 9에서는 체형 이미지와 자신에게 어울리는 옷을 찾는 방법, 체형 관리법까지 배웁니다.

Chapter 10에서는 퍼스널 향수에 대한 기본 상식을 알아보고 자신에게 어울리는 향수를 찾아 그 사용법을 배웁니다. Chapter 11에서는 음성 이미지에 대해 다루며 청각 이미지를 완성하기 위한 다양한 실습을 하게 됩니다. 마지막으로 Chapter 12에서는 온라인 면접을 대비한 온라인 이미지 준비까지 배웁니다.

이처럼 이 교재는 이미지메이킹에 대한 종합적인 이해와 스타일링에 필요한 다양한 기술과 지식을 습득하고 배운 내용에 대한 Self Check와 실습을 통해 자신만의 차별화된 경쟁력을 만드는 데 최적의 조언자가 될 수 있도록 구성했습니다. 또 부록에는 학생들이 실습할 수 있게 컬러칩, 네일, 립컬러 자료 등을 첨부하고, 이를 활용하여 자신에게 가장 잘 어울리는 이미지를 스스로 찾을 수 있게 했습니다.

교재 학습을 완료한 학생은 수료증을 발급받아 이미지메이킹 전문 교육을 이수했음을 증명하도록 하여 학생 여러분의 취업에도 유용하도록 세심하게 기획했습니다. 마지막으로 교재를 충실히 학습할 경우 이미지메이킹 관련 전문 자격증까지 취득할 수 있도록 알차게 구성했습니다.

저자들은 대학생 여러분이 성공적으로 취업을 준비하고 앞으로의 사회생활에서 자기 이미지를 관리하며 더욱 풍성하고 의미 있게 살기를 바라며 한결같은 마음으로 교재를 집필했습니다. 이미지메이킹을 통해 여러분이 더 멋지고 자신감 있는 모습으로 당당하게 나아가기를 간절히 바랍니다.

마지막으로 교재의 준비부터 출간까지 모든 과정 동안 세심하고 꼼꼼하게 조력해 주신 센게이지러닝코리아 관계자분들께 진심으로 감사의 말씀을 드립니다. 감사합니다.

2023년

저자 일동

Contents

03

헤어 이미지 | Hair Image 48

04

자세 이미지 | Posture Image 74

01

이미지
Image

1_ 이미지의 개념
2_ 이미지의 중요성
3_ 이미지메이킹의 영향 요인
4_ 서비스인의 이미지메이킹

Image

01

이미지의 개념

이미지란 '어떤 사람이나 사물로부터 받는 느낌이나 인상'이라고 할 수 있으며, 사물이나 사람에게 받는 인상과 이전 감각에 의해 얻었던 것이 마음속에서 재생한 것이라고 할 수 있다. 이미지란 용어가 일반적으로 널리 사용되는 데 반해, 용어에 내포된 개념은 매우 모호하여 다양한 정의로 제시되고 있다.

또한 이미지는 어떠한 사물이나 대상에 대해 주관적으로 지각되고 형성된 실상과 허상의 집합체라고 할 수 있으며, 어느 한 요소가 아닌 그와 관련된 전체를 포괄하는 개념으로 지성적 이미지, 표정 이미지, 태도 이미지, 복장 이미지, 감성 이미지, 음성 이미지 등의 다양한 요소를 포함한다.

이미지의 어원을 보면, Image는 라틴어 'Imago'에서 유래된 것으로 사람들의 마음속에 떠오르는 상(像)을 의미한다. 그중 개인의 이미지는 어떤 사람이 특정 개인에 대하여 가지는 독특하고 고유한 느낌을 의미한다. 즉, 이미지는 어떤 대상에 대한 경험에서 생기는 것으로, 사람 혹은 사물에 대한 생각, 말투와 태도, 형상이 만들어져 개개인의 인지를 통하여 개념화되고 형상화되어 각인되는 것이다.

이미지는 내적 이미지(Personality)와 외적 이미지(Appearance)로 분류할 수 있다. 첫째, 내적 이미지는 인간관계, 상대방에 대한 이해력과 배려심, 개인의 성격 등을 의미하고, 내적 이미지를 통하여 그 사람의 인간미를 가늠할 수 있게 된다. 둘째, 외적 이미지는 다른 사람을 인지할 때 사용되는 신체 특성, 표정, 목소리, 걸음걸이, 체형, 제스처, 헤어스타일과 메이크업 등을 의미한다. 외적 이미지는 시각적으로 판단 가능한 요소들로 구성되거나 구분될 수 있다.

미국의 사회심리학자인 고든 앨포트(Gordon Alport, 1897~1967)는 사람들이 익숙하지 않은 상대를 만났을 때 30초 안에 그 사람의 성별과 나이, 신장, 체구, 직업 등의 외적 이미지를 통하여 그 사람의 성격이나 인성 같은 내적인 면까지 평가할 수 있다고 했다.

We Are / DigitalVision / Getty Images

이하에서 살피는 바와 같이, 이미지메이킹(Image-making)이란 자신이 바람직하다고 판단하는 궁극적인 상을 정한 후에, 그 이미지를 현실화하여 자신의 잠재력을 최대한 발휘하는 등 자신이 될 수 있는 가장 훌륭한 모습으로 자신을 만들어 가는 의도적 변화의 과정을 의미한다고 할 수 있다.

02

이미지의 중요성

첫인상은 말 그대로 그 사람을 처음 볼 때 느껴지는 이미지이다. 첫인상이 중요한 이유는 첫인상을 깨기 위해서는 첫인상보다 200배 이상 더 강렬한 인상을 주어야 하기 때문이다. 사람은 0.3초라는 짧은 시간에도 호감, 비호감으로 첫인상을 판단할 정도로 첫인상에 민감하고 3초 정도면 첫인상이 결정된다고 한다.

미국 다트머스 대학교의 뇌과학자이자 심리학자인 폴 왈렌(Paul J. Whalen, 1965~) 교수는 2008년 1월 MBC TV와의 인터뷰에서 "인간의 뇌는 0.017초라는 짧은 순간에 상대방에 대한 호감이나 신뢰 여부를 판단한다"고 밝혔다. 이와 같은 점에서 현대사회에서는 외모가 성공적인 사회생활에 큰 영향을 미치는 요소로 작용하고, 이미지메이킹은 사회적인 성공 여부를 좌우할 수 있는 중요한 역할을 하게 된다고 할 수 있다.

미국의 저명한 심리학자인 로버트 치알디니(Robert Cialdini, 1945~)는 『설득의 심리학』에서 "외모가 좋은 사람이 사회생활에서 유리한 점은 분명하다. 그러나 좋은 외모의 영향력과 적용 영역은 실제보다 훨씬 더 과소평가되고 있다"라고 한 바 있다. 또한 얼굴의 생김새와 매력, 즉 신체적 이미지는 사회생활에 많은 영향을 미치며 대인관계에서 첫 대면 시 여러 가지 신체 외모로 그 사람의 이미지가 형성된다(Hansen & Hanses, 1988)고 평가하는 학자도 있다.

이렇듯 사회생활에서 인간관계와 개인의 이미지가 밀접한 관계가 있기에 좋은 인간관계를 맺기 위해서는 이미지메이킹이 중요한 것이다. 특히 서비스인들의 이미지 관리가 더욱 중시되는 이유는 서비스 접점에서 직접적으로 고객을 응대하기 때문에 고객에게 좋은 첫인상을 주고 더욱 높은 서비스 경험을 제공할 수 있기 때문이다.

03

이미지메이킹의 영향 요인

이미지메이킹은 시각적 요소, 청각적 요소, 언어적 요소가 복합적으로 조합, 평가되는 과정이자 그 결과물이라고 할 수 있다. 이미지메이킹의 구성요소와 관련된 이론과 첫인상에 영향을 미치는 효과를 살펴보면 아래와 같다.

말의 내용과 관계없는 이미지 비중

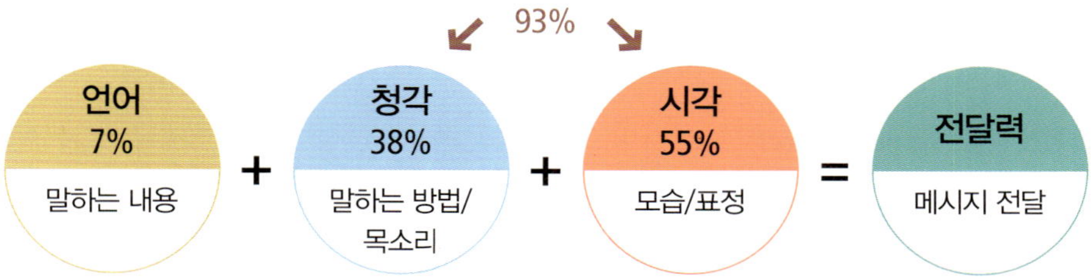

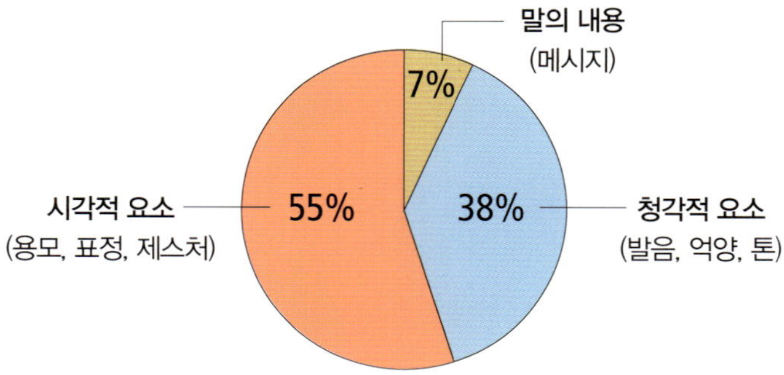

머레이비언의 법칙

1) 머레이비언의 법칙(The Law of Mehrabian)

UCLA 심리학과 명예교수인 앨버트 머레이비언(Albert Mehrabian, 1939~)이 저서 『Silent Messages』(1971)에 발표한 커뮤니케이션 이론이다. 이 이론에 의하면 대화에서 시각적 요소와 청각적 요소가 중시되어 한 사람이 상대방에게 받는 이미지는 시각적 요소가 55%, 청각적 요소가 38%, 언어적 요소가 7%를 차지한다. 이 이론은 특히 짧은 시간 내에 좋은 이미지를 주어야 하는 직종에서 사원교육으로 많이 활용되고 있다.

시각적 요소는 자세 · 용모와 복장 · 제스처 등 외적으로 보이는 부분을 의미하고, 청각적 요소는 어조나 음색(音色)처럼 말의 음성적 품질을 의미하며, 언어적 요소는 말의 내용이다. 이 이론에 따르면, 대화를 통하여 상대방에게 호감이나 비호감을 느끼는 데 상대방이 하는 말의 내용이 차지하는 비중은 7%로 그 영향이 미미하다. 반면에 청각적 요소 38%, 외적인 시각적 요소가 55%를 차지하여 상대방에게서 받는 이미지를 좌우한다.

2) 초두효과와 맥락효과

먼저 제시된 정보가 나중에 제시된 정보보다 미치는 영향이 더 큰 것을 초두효과(初頭效果, Primacy Effect)라고 한다. 인상 형성에 첫인상이 중요하다는 의미에서 '첫인상 효과'라고도 하며, 3초 만에 상대에 대한 스캔이 완료된다고 해서 '3초 법칙', 첫 이미지가 단단히 굳어 버린다는 의미로 '콘크리트 법칙'이라고도 한다.

미국의 뇌과학자이자 심리학자인 폴 왈렌(Robert Cialdini, 1945~)의 연구에 의하면, 우리는 뇌의 편도체(Amygdala)를 통해 0.1초도 안 되는 극히 짧은 순간에 상대방에 대한 호감도와 신뢰도를 평가하며 첫인상을 결정짓는 주요 요인은 외모, 목소리, 어휘 순으로 나타났다.

미국의 사회심리학자인 솔로몬 애쉬(Solomon Asch, 1907~1996)는 초두효과를 설명하기 위해 실험을 진행했다. 학생들에게 가상의 인물 A와 B의 성격을 나타내는 똑같은 정보를 제공하되, 순서를 달리했다. 동일한 여섯 가지 특성을 정반대 순서로 나열한 것인데, 학생들은 A에게 더 긍정적인 반응을 보였다. 이 실험은 긍정적인 말들이 먼저 제시되었을 때 더 호의적으로 느낀다는 사실을 보여 준다. 솔로몬 애쉬가 실험에서 실제로 사용한 단어 목록은 다음과 같다.

- 가상의 인물 A: 똑똑하고, 근면하며, 충동적이고, 비판적이고, 고집이 세며, 질투심이 강함

- 가상의 인물 B: 질투심이 강하고, 고집이 세며, 비판적이고, 충동적이고, 근면하며, 똑똑함

이처럼 두 목록은 완전히 같은 내용을 순서만 역순으로 바꾼 것에 불과하다. 그런데 실제로 이 두 목록을 한꺼번에 제시하지 않고 한 번에 하나씩 사람들에게 보여 준 뒤, 두 사람의 성격에 점수를 매기게 한 결과 A의 평균 점수가 B보다 훨씬 더 높았다. 그 이유는 맨 앞의 두 단어, 그중에서도 첫 단어의 내용이 대상을 평가하는 데 가장 많은 영향을 끼쳤기 때문이다.

이러한 효과 때문에 상황에 따라 장단점을 나열하는 순서가 바뀌는 경우가 많다. 가장 대표적인 경우는 남들에게 누군가를 소개하는 것이다. 좋은 의도로 소개할 때는 장점부터 말하지만 그렇지 않을 때는 단점부터 언급하는 경우가 많다.

또 다른 초두효과의 예로는 모 취업 포털 사이트에서 기업의 인사담당자를 상대로 실시한 설문조사가 있다. 이 조사에서 기업의 인사담당자 절반이 면접 시 지원자의 첫인상을 결정하는 것은 '2분 이내'라고 답했다. 첫인상을 결정짓는 가장 큰 요인으로는 태도와 자세가 꼽혔는데, 인사담당자의 63.4%는 첫인상이 스펙보다 더 중요하다고 답했다. 면접 도중 지원자의 인상이 바뀐 경우는 14.5%에 그쳤다.

첫인상의 중요성과 관련된 또 다른 지각심리학 용어로는 맥락효과(脈絡效果, Context Effect)가 있다. 맥락효과는 처음 주어진 정보나 조건이 이후의 정보를 받아들이고 해석하는 데 영향을 미치는 현상을 의미한다. 사람들은 새로운 정보를 받아들이거나 해석할 때 기존에 자신이 가지고 있던 지식이나 태도, 감정 상태 등 다양한 정보를 활용한다. 이러한 사전 조건 또는 정보는 새로운 정보를 수용하기 위한 '맥락'으로 작용한다.

예를 들어, 평소 성실한 학생이 결석을 하면 '무슨 일이 생긴 걸까?'라고 걱정을 하게 되는데 반대로 불성실한 학생이 그렇게 하면 부정적인 생각을 하게 된다. 또 어떤 결정을 내릴 때 기분이 좋은 상태에서는 긍정적인 판단을 할 가능성이 높고, 반대로 기분이 나쁜 상태에서는 부정적인 판단을 내릴 가능성이 높다.

맥락이 되는 요인에는 기분, 감정, 태도와 같은 내부적 요인과 날씨, 환경, 주어지는 정보와 같은 외부적 요인이 있으며, 이러한 요인에 따라 동일한 자극이나 정보도 다르게 받아들일 수 있다. 잘 알려진 속담 중 "자라 보고 놀란 가슴 솥뚜껑 보고 놀란다" 역시 맥락효과를 설명하는 것으로 볼 수 있다.

04

서비스인의 이미지메이킹

1) 직업별 이미지의 중요성

셰익스피어는 '인생은 연극무대'라고 했다. 연극에서 배우들이 맡은 배역에 충실하기 위해 그 배역에 맞는 성격, 옷차림, 외모, 태도 등을 갖추어야 할 것이다. 또 그 분야의 전문가는 축적된 노하우를 바탕으로 짧은 시간 안에 자신의 이미지를 표현할 수 있어야 하며, 자신의 직업에 어울리는 전문적인 이미지를 갖추어야 한다. 자신이 원하는 이미지도 중요하지만 '직업에 맞는 이미지'를 형성하는 것도 중요하다.

이미지를 잘 표출할 수 있는 능력은 회사 대표나 중역에게서 볼 수 있다. CEO는 기업의 이미지를 대표하는 얼굴이며, CEO의 이미지에 따라 기업의 이미지가

Hinterhaus Productions / Stone / Getty Images

좌우되기도 한다. 리더십 있고 신뢰할 수 있는 이미지로 만들어 가는 것이 중요하다. 컬럼비아대학교 MBA 과정에 참여한 최고경영자의 93%가 자신의 성공 비결을 매너로 꼽았다고 할 만큼 기업인의 이미지는 능력의 표현 형태라고 할 수 있다.

서비스인에게 외적 이미지는 매우 중요하다. 상대에게 '나는 이런 사람이다'라는 전략적인 이미지를 보여 줌으로써 우호적인 분위기를 이끌어 낼 수도 있고, 이미지 컨트롤을 통해 자신의 능력을 최대한 이끌어 낼 수도 있다. 전략적인 이미지메이킹은 자신의 가치를 높이는 필수조건으로 사회적 경쟁력을 강화시켜 줄 것이다.

서비스인의 상황에 따른 대화법이나 서비스인의 복장, 헤어, 부드러운 인상, 바른 예절, 걸음걸이, 적절한 제스처 등은 서비스인으로서의 능력을 결정짓는다. 즉 무엇을 입고, 어떻게 움직이고, 어떻게 보이는가는 자신에게 이득이 되기도 하고 손실이 되기도 하면서 언제나 함께 작용하게 된다.

기업의 경우, 기업 존속을 위한 이미지메이킹인 CI(Corporate Identity) 개념이 그 대표적 방법이다. 즉 기업의 특성에 맞도록 하나의 이미지를 설정하여 회사의 로고와 심벌 컬러, 직원의 전체적인 이미지(표정, 자세, 매너, 직장인 에티켓 등)를 총체적 시각으로 관리함으로써 하나의 일관된 기업 이미지를 구축하게 된다.

기업은 자사의 흥망성쇠가 기업 이미지에 달려 있다는 사실을 인식하기 때문에 기업의 심벌 마크나 로고, 심벌 컬러를 참신한 이미지로 바꿀 뿐만 아니라 기업의 사회공헌 활동에도 결코 노력을 아끼지 않는다. 특히 고객과 직접 만나는 직원들의 친절 서비스는 기업 이미지를 결정짓는 데 비중 있는 역할을 해 왔다. 그러므로 국내 기업은 고객 만족, 고객 감동, 고객 행복이라는 캐치프레이즈를 내걸고 직원의 친절 서비스 교육에도 지속적으로 노력을 기울이고 있다.

2) 항공사 객실 승무원의 이미지

항공사 승무원의 업무는 안전과 서비스로 나눌 수 있는데, 그중 객실 서비스는 승객이 이용할 항공사를 결정할 때 우선적으로 고려하는 요인이 되고 있다. 또 생활수준 향상에 따라 승객의 요구사항이 다양화하고 객실 서비스의 질적 수준도 높아지고 있다. 이에 따라 과거에 기내 서비스가 물적 서비스에 치중했다면 현재는 인적 서비스가 점차 강화되고 있다.

KARIM JAAFAR / AFP / Getty Images

다양한 승객의 눈높이에 맞추어 객실 승무원이 제공하는 인적 서비스는 서비스 품질의 핵심이 되고 있다. 객실 승무원은 고객과 최접점에서 서비스하기 때문에 그들의 외적 이미지는 인적 서비스의 매우 중요한 요소가 된다. 고객은 객실 승무원과 단거리, 장거리 비행시간 동안 접하면서 객실 승무원을 통해 항공사 이미지를 형성하게 된다.

따라서 항공사를 대표하는 객실 승무원은 외적 이미지를 형성하는 유니폼, Hair-do, Make-up, 표정, 행동, 말투에 각별한 신경을 써서 항공사에 대해 긍정적 이미지를 심어 주어야 한다. 또 다양한 분야의 여러 계층 승객을 접하므로 다방면의 상식과 교양, 업무 지식 등을 습득하여 교양 있는 우아한 이미지를 갖추어야 하며, 글로벌 매너와 외국어 실력을 겸비하여 항공사를 이용하는 외국인 승객에게도 프로페셔널한 이미지를 보여야 한다.

3) 서비스 품질의 5가지 차원

서비스 품질은 다음과 같이 5가지 차원으로 구성된다.

유형성(Tangibles)

서비스를 평가하기 위한 외형적인 단서로, 물적 시설, 장비, 종업원의 외모, 매력성, 기타 물적 요소의 외형을 의미한다.

신뢰성(Reliability)

약속한 서비스를 믿을 수 있고 정확하게 수행할 수 있는 능력으로, 서비스 수행의 철저함, 정확한 기록, 약속 엄수 등이 그 예이다.

반응성(Responsiveness)

고객을 돕고 신속한 서비스를 제공하려는 자세로, 서비스 적시성, 고객의 문의나 요구에 즉시 응답, 신속한 서비스 제공이 이에 포함된다.

확신성(Assurance)

서비스 제공자의 능력, 믿음직함, 기업 평판, 안정성을 의미하며, 예로는 고객의 재산과 시간에 대한 배려, 비밀 보장 등이 있다.

공감성(Empathy)

접근 용이성, 원활한 의사소통, 고객에 대한 충분한 이해를 의미하며, 서비스 제공 시간 및 장소의 편리성, 대기시간에 대한 설명, 개별적 관심 제공 등을 통한 서비스 품질 제고 방안이라고 할 수 있다.

4) 서비스 품질의 유형성과 이미지메이킹

앞서 살핀 서비스 품질의 유형성과 관련하여 서비스인의 이미지메이킹이 서비스 품질을 제고하기 위한 중요한 요소임을 알 수 있을 것이다. 단적인 예로, 고객 만족도는 공항이나 호텔에서 서비스를 경험하기 전에 받은 첫인상에 따라 큰 차이가 날 수 있다.

즉, 서비스는 물적 서비스 자체만으로는 경쟁력을 갖기 어려우며 인적 서비스를 더해야 상품의 가치도 높아진다. 따라서 기업은 서비스 접점에서 근무할 직원의 채용 과정에서부터 내 · 외적 이미지를 중요시하며, 채용 후 교육과정에서도 이미지 형성 및 관리를 위한 교육을 통해 종사자들에게 그 중요성을 강조하고 있다.

서비스인이라면 고객에게 호감을 줄 수 있는 용모를 갖추어야 한다는 점에서 서비스인의 이미지 형성 및 관리는 매우 중요하다고 할 것이다.

객실 승무원의 이미지 형성 및 관리 요소

첫째, 승객은 승무원 유니폼의 바른 착용에서 깨끗하고 세련된 이미지를 받는다. 세련되고 편안한 느낌의 색상과 디자인의 유니폼은 항공사가 자사의 이미지를 통일하고 승객에게 좋은 이미지를 각인시키려는 서비스의 중요한 부분이므로, 승객은 해당 항공사의 통일된 이미지를 기억하게 된다.

둘째, 승객은 승무원의 밝은 미소를 통해 좋은 이미지를 형성하게 된다. 좋은 이미지의 형성을 위해 항공사는 승무원 양성 시 화장의 색깔과 머리 모양 및 이미지의 통일성을 위해 표준화된 규정을 정해 교육에 반영한다.

셋째, 때와 장소에 맞는 올바르고 예의 바른 인사를 통해 승객은 좋은 이미지를 받게 된다. 승무원은 입사 후 신입교육과 정기훈련, 비행 전 브리핑 시 인사연습을 통해 상황에 맞는 올바른 인사법을 체득하게 된다.

넷째, 어린이 승객부터 고령의 승객까지 각각의 승객에게 맞는 적절한 호칭과 경어의 사용은 승무원의 이미지를 한층 더 높여 준다. 승객은 승무원이 구사하는

Hispanolistic / E+ / Getty Images

Gareth Brown / The Image Bank / Getty Images

부드러운 톤의 음성과 올바른 호칭을 통해 안전하고 즐거운 여행을 경험하게 된다.

다섯째, 승객의 요구사항과 불편사항을 긍정적이고 적극적인 방식으로 처리하려는 승무원은 승객에게 좋은 이미지를 준다. 다양한 국적의 승객이 탑승한다는 항공 여행의 특성상, 기내에서 발생하는 요구사항과 불만사항은 다양할 수밖에 없으며 이때 일률적이고 정형화된 서비스는 많은 승객의 개성과 특성에 맞지 않는 서비스가 될 수 있다. 따라서 승무원은 적극적으로 배려하는 자세를 통해 승객에게 좋은 이미지를 구축하게 된다.

여섯째, 외국인 승객에게 유창한 외국어와 세련된 국제 매너로 서비스를 제공하는 승무원은 좋은 이미지를 각인하게 된다. 국경을 넘나드는 항공 여행의 특성상 많은 외국인에게도 서비스를 제공하게 되므로 외국인 승객은 승무원이 외국어를 유창하게 구사할 것으로 기대하게 된다. 따라서 승무원의 세련된 매너와 유창한 외국어 구사 능력은 승객에게 전문적인 승무원의 이미지를 형성하게 된다.

서비스인 이미지메이킹을 위한 Self Check

1	명찰	복장 규정의 일부로 인식하여 항상 패용하는가?	
2		자신을 대표하는 것으로 인식하여 훼손/분실하지 않는가?	
3		닳거나 깨진 명찰은 즉시 교환하는가?	
4	두발	항상 단정하고 깨끗하게 유지하는가?	
5		앞머리가 눈을 가리지 않는가?	
6		옆머리가 흘러내리지 않는가?	
7		유행에 민감한 머리형을 삼가는가?	
8	얼굴/화장	(남성의 경우) 기본적으로 매일 면도를 하는가?	
9		화장을 밝고 옅게 하여 자연스러운가?	
10		인조 속눈썹을 삼가는가?	
11		향이 진한 향수를 삼가는가?	
12	구강/손 관리	근무 전 반드시 입 냄새를 제거하고 구강 상태를 점검하는가?	
13		식후엔 반드시 양치질을 하는가?	
14		손톱을 짧게 하여 청결을 유지하는가?	
15		매니큐어는 깨끗한 상태를 유지하는가?	

16	구두	매일 손질하여 광택이 나는가?	
17		뒷굽이 벗겨지거나 닳은 구두를 수선해 신는가?	
18		구두를 구겨 신지 않는가?	
19	복장	복장이 단정하고 깨끗한가?	
20		얼룩이나 구김이 없도록 복장을 청결하게 관리하는가?	
21		공공장소에서는 항상 상의 단추를 채우는가?	
22		스타킹 스크래치 상태를 수시로 확인하는가?	
23		스타킹 여분을 준비하는가?	
24		반지는 하나만 끼는가?	
25		귀걸이는 부착형으로 양쪽에 하나씩 다는가?	
26		시계는 단정하고 심플한 것으로 착용하는가?	

실습

서비스인의 이미지메이킹 플랜

✈ 서비스인으로서의 전체적인 내 이미지

✈ 서비스인으로서의 내 이미지 장점

✈ 서비스인으로서의 내 이미지 단점

✈ 서비스인의 롤 모델

✈ 이미지 개선을 위한 계획

02

셀프 이미지메이킹
Self-image Making

1_ 내 이미지 분석
2_ 내 이미지 구축
3_ 셀프 이미지메이킹 5 Step

Self-image Making

Halfpoint Images / Moment / Getty Images

01

내 이미지 분석

1) 첫인상의 결정 요소

자신의 얼굴 표정, 얼굴형, 체형, 그리고 자신이 생각하는 자기 이미지와 타인이 생각하는 자기 이미지를 비교하여 판단해 본다. 또 이미지를 향상하기 위해 얼굴 표정을 연습해 보며 변화된 자신의 모습을 관찰한다.

첫인상을 결정짓는 주요 요소로는 크게 3가지를 들 수 있다.

첫째, 외모는 첫인상을 결정짓는 데 가장 크게 작용하는 요인으로 시각적 부분의 보디랭귀지, 얼굴 표정, 패션, 헤어, 메이크업 등이 있다. 둘째, 목소리는 음성으로 말할 때의 억양, 목소리 톤, 말의 속도를 말한다. 심한 사투리는 신뢰감이 없어 보일 수 있으므로 공적인 자리에서는 표준어를 사용하도록 한다. 목소리 톤이 너무 높은 경우 가벼워 보일 수 있고, 말의 속도가 너무 빠른 경우 성급해 보일 수 있으므로 톤과 속도를 조절하며 말해야 한다. 셋째, 대화는 겸손하고 상대방을 배

yuriyzhuravov / iStock / Getty Images Plus

려하는 매너를 보여 주어 좋은 첫인상을 줄 수 있는 방법이다. 자기 내면의 인격을 보여 주는 대화를 하도록 한다.

2) 첫인상의 핵심 요소, 표정

Morsa Images / DigitalVision / Getty Images

첫인상을 평가하는 핵심 요소인 표정에 관하여 자세히 살펴보기로 한다. 얼굴 표정은 사람의 인상을 결정짓는 중요한 요소로 개인의 감정이 가장 잘 드러나는 비언어적 행위이며 사람의 신체 가운데 표현력이 가장 좋고 눈에 잘 띄는 부분이다.

특히 표정을 통해 상대방에게 호감을 주기도 하고 불쾌감을 주기도 하는 중요한 요소이다. 우리는 표정으로 속마음을 나타내기도 하고 상대방의 기분을 판단하기도 한다. 상대방을 평가하고 판단하게 되는 중요한 요소인 첫인상은 얼굴 표정 관리를 통하여 이루어지게 되므로 꾸준한 연습을 하여 밝은 표정을 짓도록 해야 한다.

Morsa Images / DigitalVision / Getty Images

전문가에 의하면 사람의 얼굴에는 근육이 80여 개 있고, 이 근육으로 지어낼 수 있는 표정이 7,000여 가지나 된다. 얼굴의 어떤 근육이 움직이느냐에 따라 호감 가는 얼굴이 되기도 하고 비호감 얼굴이 되기도 한다. 80여 개 근육 중 30개 얼굴 근육이 웃는 표정을 만드는 데 쓰이고, 또 다른 30개 근육은 우는 데 쓰인다고 한다. 하지만 늘 웃는 사람도 20개 근육을 마저 사용하지 못한다고 하니, 일상에서 얼굴 근육을 푸는 훈련을 하여 자연스러우면서도 밝은 표정을 가꾸도록 노력해야 한다. 표정은 성공의 열쇠이다. 과거에는 지능 지수(IQ)가 높은 사람이 성공했지만, 현재는 감정 지수(EQ)가 각광받고 있고 최고의 성공은 SQ, 즉 스마일 지수를 높이는 것이다.

이미지 진단을 위한 Self Check

첫인상 Self Check

1		웃는 얼굴인가?	O	X
2		상대방과 Eye Contact가 자연스러운가?	O	X
3		처음 보는 사람과 만났을 때 어떤 표정을 짓는가?	O	X
4	표정	평상시 무표정한 얼굴이 아닌가?	O	X
5		자신의 표정이 마음에 드는가?	O	X
6		자세가 바뀌면 표정이 굳지는 않는가?	O	X
7		상황에 맞는 표정을 짓는가?	O	X
8		인사말을 적절히 하는가?	O	X
9		인사는 먼저 하는가?	O	X
10	인사	눈을 바라보고 인사를 하는가?	O	X
11		상황에 맞는 인사를 하는가?	O	X
12		정중하고 세련된 인사법을 알고 있는가?	O	X
13		서 있는 자세가 바른가?	O	X
14		앉은 자세가 바른가?	O	X
15	자세/태도	우아하고 품격이 있는 제스처를 취할 수 있는가?	O	X
16		걸음걸이가 바른가?	O	X
17		무언가를 가리킬 때 손바닥을 사용하는가?	O	X
18		Make-up 상태가 자연스러운가?	O	X
19		Hair-do 상태가 단정한가?	O	X
20	용모	체형 결점을 커버하는 패션 감각이 있는가?	O	X
21		얼굴의 트러블 케어를 하고 있는가?	O	X
22		외출 시 복장이 단정한가?	O	X
23		상대방과의 대화에서 이야기를 잘 듣는 편인가?	O	X
24		대화 시 목소리 톤, 음량, 발음, 말투가 어떠한가?	O	X
25	대화	대화할 때 상대방을 바라보는가?	O	X
26		습관적으로 쓰는 단어가 있는가?	O	X
27		경어를 바르게 사용하는가?	O	X

첫인상 호감도 Self Check

1	자기에게 어울리는 이미지를 잘 알고 있다고 생각한다.	● ✖
2	평소 긍정적이라는 소리를 자주 듣는다.	● ✖
3	좋은 이미지를 만들기 위해 노력하는 편이다.	● ✖
4	첫인상이 좋다는 이야기를 자주 듣는다.	● ✖
5	잘 웃는 편이다.	● ✖
6	예의 바르다는 말을 자주 듣는다.	● ✖
7	자세가 반듯하다.	● ✖
8	항상 단정한 헤어스타일을 연출한다.	● ✖
9	상대방 이야기를 경청하고 잘 호응한다.	● ✖
10	상황에 맞는 옷차림을 한다.	● ✖

결과

● 의 개수를 세어 자신의 첫인상 호감도를 확인한다.

[0~5개] 관리가 필요하다. 자기 생각과 달리 인간관계에서 오해를 살 수 있다.

[6~7개] 조금만 신경 쓴다면 최상의 이미지를 만들 수 있다.

[8개 이상] 모두에게 호감을 주는 이미지이다.

02

내 이미지 구축

1) 호감 가는 표정 만들기

(1) 눈썹

① 양미간부터 눈썹을 둥글리어 찡그린 표정의 눈썹을 만든다.

② 눈썹을 둥글리어 웃는 표정의 눈썹을 만든다.

③ 검지손가락을 눈썹에 붙이고 위아래로 여러 번 움직여 본다.

(2) 눈

① 조용히 눈을 감고 마음을 안정시킨다.

② 눈을 크게 뜨고 눈동자를 좌우 위아래로 굴린다.

③ 깜짝 놀랄 때의 표정으로 눈과 눈두덩이를 들어 올린다.

④ 3~4회 반복한다.

(3) 입, 볼

① 높은 톤으로 입을 크게 벌리고 또박또박 '아–이–우–에–오'를 반복하여 말한다.

② 입안에 공기를 잔뜩 불어 넣은 채 입을 꼭 다문다. 이 상태에서 공기를 좌우로 이동시켜 볼을 부풀린다. ☞ 이때 양볼 → 왼쪽 볼 → 오른쪽 볼 순으로 부풀린다.

③ 입술을 최대한 내밀어 볼을 끌어당기는 듯한 동작을 반복한다.

(4) 턱, 코

① 턱을 좌우로 번갈아 움직인다.

② 냄새를 맡듯 코를 한 번에 쑥 올리는 동작을 한다.

2) 웃는 얼굴을 위한 근육 운동

(1) '하'

큰 소리로 '하', '하'하고 소리를 내되, 이때 턱이 움직일 정도로 될 수 있는 한 크게 입을 벌린다.

(2) '히'

큰 소리로 분명하게 '히', '히'하고 소리를 내며 입꼬리를 한 일(一) 자로 좌우로 힘껏 당겨 입술의 근육을 긴장시킨다.

(3) '후'

큰 소리로 분명하게 '후', '후'하고 소리를 내며 입꼬리를 약간 긴장시키듯 입술을 가볍게 앞으로 내밀어 소리를 낸다.

(4) '헤'

큰 소리로 '헤', '헤'하고 소리를 내며 의식적으로 입꼬리에 힘을 주어 위로 올리는 것처럼 한다.

(5) '호'

큰 소리로 분명하게 '호', '호'하고 소리를 내며 입술을 뾰족하게 내민다.

3) 단계별로 밝은 표정 만들기

잘 웃지 않는 무표정한 얼굴을 관찰해 보면, 입 주위 근육이 굳어 있어 웃는 모습이 어색하다. 웃는 얼굴을 효과적으로 개발하기 위해서는 호흡도 중요하지만, 무엇보다도 언제 어디서나 미소 짓는 습관을 들이는 것이 중요하다.

웃는 얼굴은 어울리는 웃음이나 웃는 얼굴의 크기에 따라 미소 짓는 얼굴, 보통의 웃는 얼굴, 활짝 웃는 얼굴 3단계로 나누어 살펴볼 수 있다. 이때 웃는 밝은 표정을 만들기 전에 얼굴의 긴장을 푸는 연습을 한다.

긴장 풀기

처음에는 웃는 얼굴을 짓지 말고 긴장을 푼다. 양 입술 사이에 약간의 틈이 생기도록 입을 살짝 벌린다. 그다음 건강하고 쾌활한 표정을 지어 보도록 한다. 웃고 있지 않아도 상대방에게 좋은 느낌을 주는 표정을 언제나 유지할 수 있도록 평소에 연습하도록 한다.

미소 짓는 얼굴

좌우 구각(口角)을 균등하게 위로 향하고 윗입술도 위로 끌어올리듯 벌려 앞니 두 개가 잘 보이게 한다. 약 7초간 자세를 유지한 후 제 모습으로 돌아간다. 연습이 끝나면 긴장을 푼 얼굴로 돌아간다.

보통의 웃는 얼굴

중간 정도로 웃는 얼굴이다. 천천히 근육의 긴장을 조여 웃는 얼굴을 만든다. 미소 짓는 얼굴보다 이를 좀 더 많이 보이게 한다. 이때도 구각이 좌우 균등하게 올라가 있는지 확인한다. 그렇지 않으면 웃는 얼굴이더라도 아름답지 못하기 때문이다. 웃는 얼굴을 만들 때는 눈도 같이 웃도록 한다. 약 7초간 자세를 유지한 후 본래 모습으로 돌아가고, 연습이 끝나면 긴장을 푼 얼굴로 돌아간다.

활짝 웃는 얼굴

입매의 근육을 마음껏 사용하여 활짝 웃는 얼굴(풀 스마일) 표정을 만들어 보자. 윗니 6개와 조금 더 안쪽 이까지 보이는가? 이때에도 구각이 좌우 균등하게 올라가도록 하고 눈도 웃도록 한다. 약 7초간 활짝 웃는 표정을 지은 후 본래 모습으로 돌아가고, 연습이 끝나면 긴장을 푼 얼굴로 돌아간다.

4) 밝은 표정을 유지하는 연습

활짝 웃는 얼굴 만들기

활짝 웃는 얼굴(풀 스마일) 표정을 지었으면 구각을 두 검지손가락으로 고정시킨다. 손가락 끝으로 입매의 근육이 움직이는 것을 확인해 두자. 약 5초간 그대로 웃는 얼굴로 있도록 한다.

보통의 웃는 얼굴 만들기

활짝 웃는 얼굴에서 보통의 웃는 얼굴(2분의 1 스마일)로 돌아간다. 두 검지손가락은 떼지 않고 그대로 구각을 고정시킨다. 이때에도 손가락 끝으로 근육의 움직임을 확인하고 약 5초간 그대로 웃는 얼굴로 있도록 한다.

미소 짓는 얼굴 만들기

보통의 웃는 얼굴에서 미소 짓는 얼굴로 돌아간다. 이때도 손가락을 떼지 않고 약 5초간 그대로 웃는 얼굴을 유지한다.

본 얼굴로 돌아가기

구각을 검지손가락으로 고정시킨 대로 입을 마음껏 오므린다. 1번 단계의 활짝 웃는 얼굴부터 이 단계까지 손가락 끝으로 근육의 움직임을 확인하면 웃을 때 입매의 근육이 어떻게 움직이는지 알게 된다. 그 느낌을 잘 기억하도록 한다.

5) 기타 미소 유지법

자신의 미소 짓는 표정 이미지를 모를 때

위생 젓가락을 앞니 4개로 가볍게 물고, 구각은 좌우를 균등하게 위로 올려서 눈동자 아래 선상에 오도록 한다. 이 상태에서 젓가락을 살짝 뺀다. 눈매도 자연스럽게 웃어야 한다. 이것이 좋은 인상을 주는 미소 짓는 얼굴이다.

웃을 때 잇몸이 나오는 사람의 교정법

우선 1단계 활짝 웃는 얼굴부터 3단계 미소 짓는 얼굴까지 만들어 본다. 잇몸이 보이는 것은 신경 쓰지 말고 어느 정도 보이는지 확인한다. 잇몸이 보이는 단계의 활짝 웃는 얼굴을 다시 한번 만들어 본다. 잇몸이 감추어지도록 양손으로 입술을 끌어 내려서 약 7초간 그대로 있는다. 이를 반복하여 연습한다.

자연스러운 미소 연출을 위한 마음가짐

미소를 지을 때는 상대방을 진심으로 좋아하려고 노력한다. 또 싫은 사람과 마주 앉을 때도 의도적으로 긍정적인 면을 찾으려고 노력한다.

03

셀프 이미지메이킹 5 Step

이미지메이킹에서 가장 중요한 것은 개인의 내적 이미지(Personality)와 외적 이미지(Appearance)를 파악하고 전략적으로 타인과의 차별성을 찾는 것이다. 다음의 다섯 단계를 따라 셀프 이미지메이킹을 점검해 본다.

자신을 파악하기(Know yourself)

이미지메이킹의 첫 단계로 자기 자신을 정확하게 파악하는 단계이다. 자기 이미지를 객관적으로 인식함으로써 자신의 장단점을 파악하고 보완할 수 있어야 한다.

Ada daSilva / DigitalVision Vectors / Getty Images

자신을 개발하기(Develop yourself)

구체적인 목표를 가지고 자신을 개발하는 단계이다. 현재 자기 이미지와 자신이 원하는 이미지 사이의 간극을 줄이고 장점이 부각될 수 있도록 노력해야 한다.

자신을 포장하고 상품화하기(Package yourself)

외적인 이미지를 목적에 맞게 연출하는 단계이다. 아무리 좋은 상품도 포장이 형편없다면 그 가치를 알아보기 힘들다. 자신의 내면적 가치가 돋보이도록 외형적인 이미지도 함께 연출할 필요가 있다.

자신을 광고하기(Market yourself)

자신을 적극적으로 알리는 단계이다. 자신감을 가지고 자기 이미지를 당당하게 보여 주고 능력을 발휘할 기회를 만들어 내는 것이다.

나다움을 개발하기(Be yourself)

자신의 진실한 이미지를 전달하는 단계이다. 진실한 이미지로 상대방에게 신뢰를 주되, 진실하지 못한 이미지 만들기는 위선이 될 수 있다.

내 이미지 포트폴리오 만들기

자신과 타인의 관점에서 본 내 이미지

	자신이 생각하는 내 이미지	타인이 생각하는 내 이미지
표정		
인사		
자세/ 태도		
용모		
대화		

내 이미지 향상을 위한 구체적 방안

내 이미지 개발 계획	
내 이미지 연출 계획	
내 이미지 광고 계획	

03

헤어 이미지
Hair Image

1_ 얼굴형과 헤어스타일
2_ 얼굴형의 종류와 특징
3_ 헤어스타일 연출
4_ 헤어 및 두피 관리
5_ 면접 헤어스타일 연출

Hair image

01

얼굴형과 헤어스타일

헤어스타일은 사람의 이미지를 좌우하는 중요한 부분으로 가르마의 변화나 앞머리의 유무 등 작은 변화만으로 얼굴형의 단점을 보완할 수 있을 뿐만 아니라 이미지를 변화시킬 수 있다. 헤어스타일은 비교적 쉽게 스스로 변화를 줄 수 있는 동시에 시각적 차이를 확연히 나타냄으로써 이미지 변화에 큰 역할을 한다.

자신에게 어울리고 호감 가는 헤어 이미지를 연출하기 위해 다양한 얼굴형을 파악하고 그에 적합한 헤어스타일을 알아본다. 이를 위해 거울을 보면서 자신의 헤어스타일 변화에 따른 이미지를 분석해 보고 원하는 이미지와 비교하면서 보완할 점을 찾아보자.

☞ '헤어스타일 변화에 따른 이미지 Self Check' 표를 활용한다.

헤어스타일 변화에 따른 이미지 Self Check

개성 있는	3	2	1	0	1	2	3	평범한
강렬한	3	2	1	0	1	2	3	무난한
적극적인	3	2	1	0	1	2	3	소극적인
활발한	3	2	1	0	1	2	3	얌전한
지적인	3	2	1	0	1	2	3	지적이지 않은
세련된	3	2	1	0	1	2	3	촌스러운
화려한	3	2	1	0	1	2	3	수수한
현대적인	3	2	1	0	1	2	3	고전적인
고상한	3	2	1	0	1	2	3	경박한
매력적인	3	2	1	0	1	2	3	매력 없는
발랄한	3	2	1	0	1	2	3	어두운
부드러운	3	2	1	0	1	2	3	날카로운
청순한	3	2	1	0	1	2	3	섹시한
어려 보이는	3	2	1	0	1	2	3	성숙한
자연스러운	3	2	1	0	1	2	3	인위적인
여성스러운	3	2	1	0	1	2	3	남성스러운

02

얼굴형의 종류와 특징

얼굴형은 헤어스타일, 헤어라인, 이목구비를 제외한 얼굴의 외곽선으로, 얼굴의 길이와 폭의 비율, 이마와 턱 모양, 광대뼈 돌출 같은 형태로 분류된다. 얼굴형은 모발을 모두 뒤로 넘기고 정면에서 밝은 전등을 수평으로 비춰 나타나는 명암의 구조로 파악할 수 있다.

일반적으로는 이마 끝에서 눈썹 사이(상안부), 눈썹에서 코끝(중안부), 코끝에서 턱끝(하안부)의 세 영역을 A, B, C로 정한 후 나타나는 면적 비율로 얼굴형을 분류한다. A, B, C 면적이 같으면 사각형 얼굴, A와 C 면적이 좁고 B 면적이 넓으면 둥근 얼굴형이라 칭한다, C 영역이 넓고 A 면적이 좁으면 삼각형 얼굴형이고 그 반대는 역삼각형 얼굴형이다.

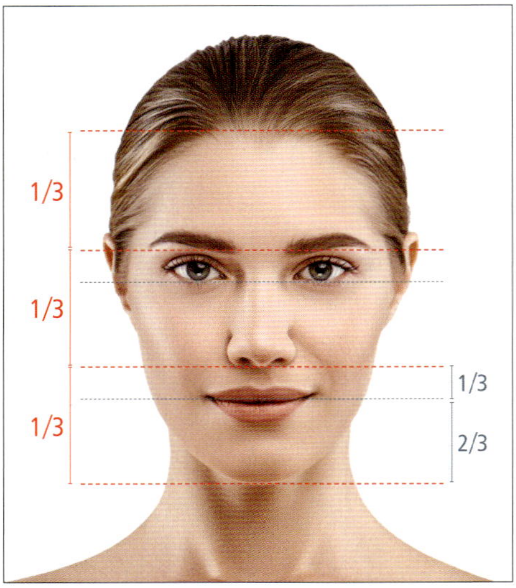

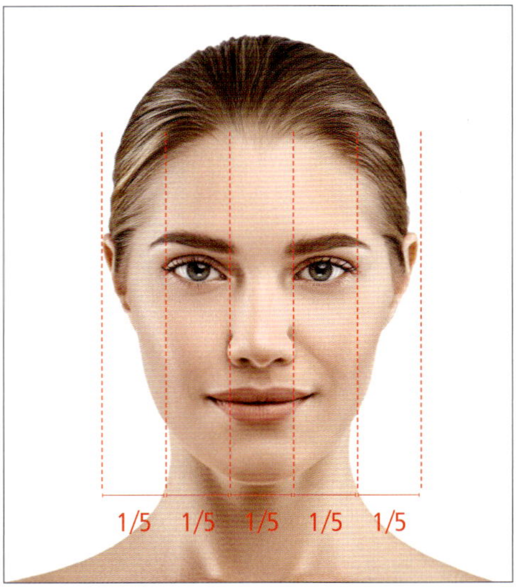

dima_sidelnikov / iStock / Getty Images Plus

1) 타원형(계란형) 얼굴

윤곽과 비율이 다른 얼굴형의 수정을 위한 이상적인 얼굴형의 판별법은 가로와 세로 비율을 2:3으로 정하는 것이다. 타원형은 이마와 광대, 하관을 기준으로 비율이 1:1:1로 동일한 얼굴형으로 모든 가르마가 잘 어울린다.

자연스러운 이미지로 나이에 비해 성숙해 보이나 밋밋한 인상을 줄 수도 있다.

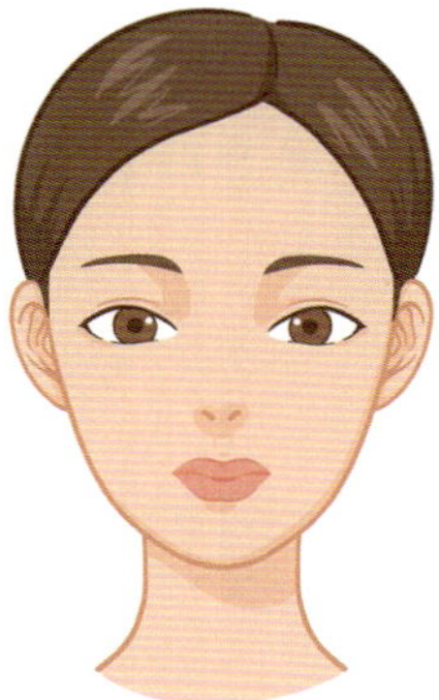

2) 둥근형 얼굴

볼에 살이 많은 편이고 이마와 턱이 좁아서 얼굴이 넓어 보이는 얼굴형이다. 얼굴의 가로와 세로 2:3 비율보다 가로폭이 넓고 얼굴 외곽선이 곡선인 얼굴형을 둥근형으로 본다.

얼굴이 세로로 길어 보이도록 정수리의 볼륨을 살리고, 뺨을 가리되 볼륨을 주지 않으면서 직선 형태로 얼굴 외곽의 길이를 확장시키는 헤어스타일로 연출한다. 앞머리를 내리면 옆면을 살짝 가려 얼굴이 길어 보이는 효과가 있다. 앞가르마나 정중앙에 가까운 사선형 가르마를 추천한다.

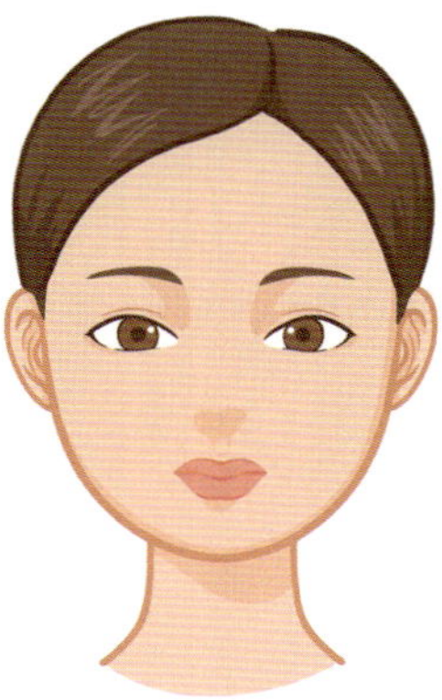

남성은 앞머리에서 정수리까지 볼륨감을 살리되 옆머리는 귀 뒤로 붙여 손질한다. 곱슬기가 있다면 다운펌을 하는 것도 좋다.

귀엽고 앳된 이미지를 주지만 세련미가 없고 단순한 이미지를 줄 수도 있다.

3) 삼각형 얼굴

턱이 매우 발달하여 턱의 너비가 양쪽 광대뼈 사이의 너비보다 더 넓다. 이마가 좁고 턱과 턱선이 넓으므로, 이마를 넓게 드러내면서 귀와 턱선을 덮어 면적을 줄이는 헤어스타일이 잘 어울린다.

의지력과 추진력이 강한 이미지가 있으나 다소 고집스러운 느낌을 줄 수 있다.

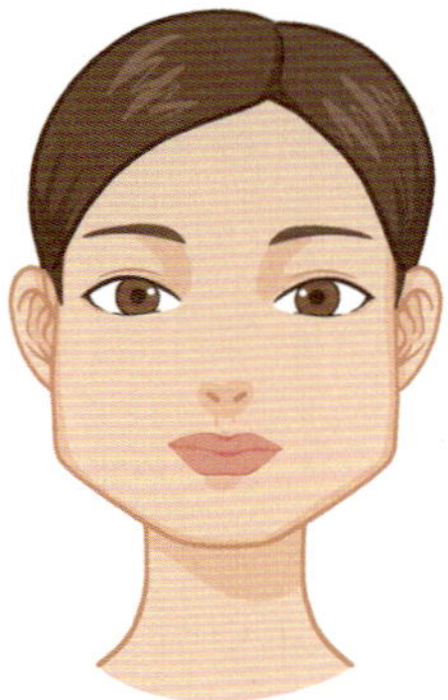

4) 역삼각형 얼굴

삼각형 얼굴과 반대로 이마가 넓고 턱이 좁으며 뾰족한 얼굴형이다. 이상적인 얼굴형의 기준보다 이마가 넓으므로 이마를 앞머리로 가리거나 양옆을 가리는 헤어스타일과 앞가르마가 잘 어울린다. 좁은 턱 부분은 턱선에 볼륨감을 주어 넓이감을 주는 헤어스타일을 추천한다.

남성은 짧은 머리로 자연스럽게 앞머리를 잘라 앞쪽으로 쏠리게 함으로써 이마를 가려 주면 날카로운 턱선을 커버할 수 있다.

세련되고 지적인 이미지를 주지만 지구력이 약하고 신경이 예민해 보일 수 있다.

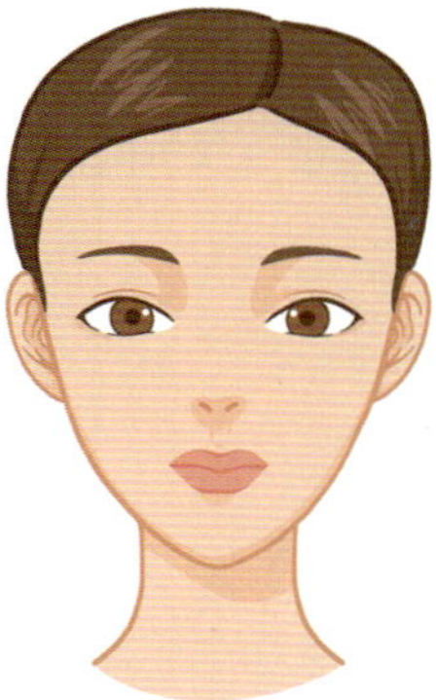

5) 사각형 얼굴

얼굴의 가로와 세로 비율 2:3보다 세로폭이 더 좁은 얼굴형이다. 둥근형 얼굴과 같이 가로폭이 넓지만, 얼굴의 외곽선이 직선이며 턱이 각진다.

각진 얼굴이 딱딱하고 강해 보일 수 있으므로 부드러운 인상을 주도록 스타일링 하는 것이 중요하다. 헤어스타일 연출 시 둥근형과 마찬가지로 길이를 확장하면서 각진 부분을 가리는 것이 효과적이며 앞가르마가 잘 어울린다. 비대칭 헤어스타일이 비교적 잘 어울릴 수 있다.

남성은 앞머리에 볼륨감을 주면서 전체적으로 둥글도록 약한 웨이브를 주거나, 앞머리를 사선으로 부드럽게 내리는 스타일을 추천한다.

활동적이고 도전적인 이미지를 가지나 딱딱하고 강한 인상을 줄 수 있다.

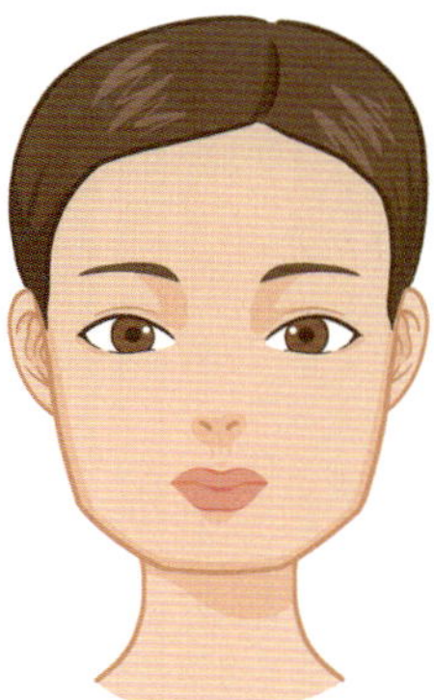

6) 장방형 얼굴

얼굴이 길고 가는 형으로 가로와 세로 2:3 비율보다 세로폭이 더 길다. 얼굴이 길어 보이지 않도록 헤어스타일 연출 시 얼굴 옆면 웨이브에 볼륨감을 준다. 옆가르마를 이용하고, 머리 길이를 길게 하지 않으며 머리카락이 뺨을 가려 얼굴이 좁아 보이지 않게 주의한다.

남성은 짧은 스타일로 앞머리를 내려 이마를 가리거나, 둥글게 웨이브를 주면서 귀 옆 머리의 볼륨으로 연결하여 전체적으로 둥글게 한 머리 모양이 잘 어울린다.

이지적이며 세련되고 화려한 이미지를 가지나 다소 신경질적이고 나이 들어 보일 수 있다.

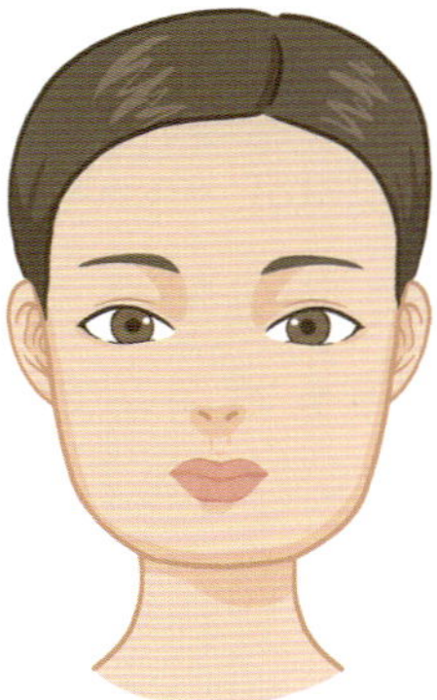

실습

내 얼굴형과 헤어 이미지 찾기

03

헤어스타일 연출

1) 가르마 연출

머리를 감고 말린 다음 올백으로 빗은 후 자연스럽게 나누어지는 부분이 자연 가르마이고, 드라이, 고데기 등을 사용하여 의도적으로 만드는 가르마를 인위적인 가르마라고 한다. 가르마의 위치와 빗질 방향에 따라 이미지가 확연히 달라지므로, 자신에게 어울리는 가르마를 찾아 스타일을 연출하려는 노력이 필요하다. 승무원, 호텔리어 등 직업상 업스타일(Up-style)이 필요한 경우 가르마를 유용하게 활용할 수 있다.

가르마의 종류에 따라 어울리는 얼굴형과 특징이 있는데, 관련 내용을 학습해 보고 자신에게 어울리는 가르마를 직접 찾아보자.

(1) 앞가르마

앞가르마는 정중앙을 기준으로 양쪽으로 분할하여 얼굴이 길어 보인다. 상대적으로 얼굴이 짧아 보이는 정사각형, 사각형, 역삼각형 얼굴의 단점을 보완해 주는 가르마이다. 타원형 얼굴형은 모든 형태의 가르마가 어울리며, 직접 스타일링을 통해 자신의 선호를 판단하는 것이 좋다.

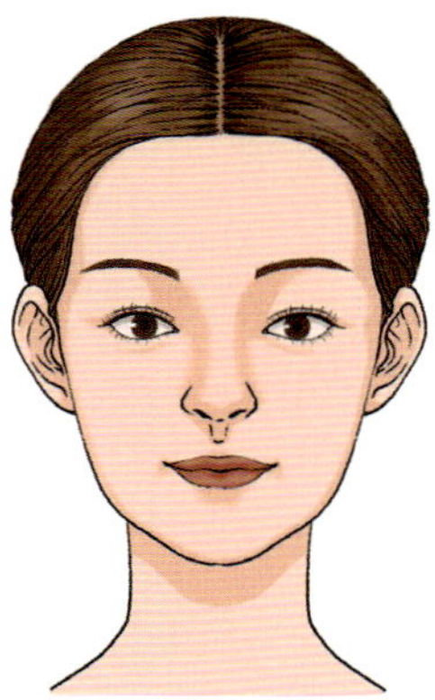

(2) 옆가르마

옆가르마는 얼굴이 넓어 보이는 확장형 효과가 있기 때문에 얼굴이 좁은 사람에게 어울린다. 긴 얼굴형인 장방형의 경우 얼굴이 조금 짧아 보이는 효과를 줄 수 있으며, 타원형이나 삼각형 얼굴의 단점을 보완할 수 있다. 다만, 상대적으로 얼굴 아래쪽이 무거워 보이는 단점이 있기 때문에 메이크업 등으로 보완할 필요가 있다.

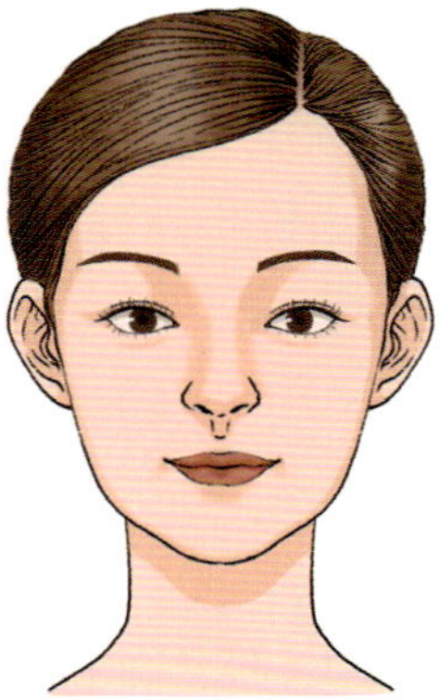

(3) 라운드형 옆가르마

라운드형 옆가르마는 앞가르마와 옆가르마의 중간 형태로 인상을 부드럽게 해 주는 특징이 있다. 딱딱해 보이는 장방형 얼굴과 사각형 얼굴에 적합하며, 좁은 이마를 보완해 준다는 점에서 삼각형 얼굴에도 어울린다. 가장 적합한 얼굴형은 타원형이다.

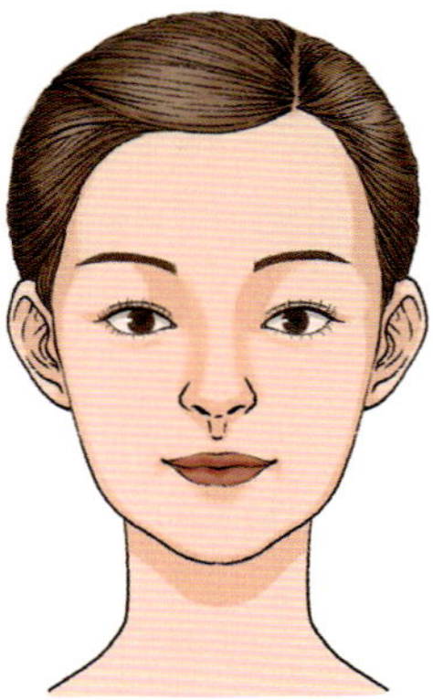

(4) 사선형 옆가르마

사선형 옆가르마 또한 앞가르마와 옆가르마의 중간 형태이나 곡선 처리의 부드러운 느낌보다는 절도와 방향성이 더 강조된다. 자칫 개성이 없어 보이는 둥근형 얼굴에서 사선형 가르마는 개성을 돋보이게 할 수 있다. 사선형 가르마를 옆가르마에 가깝게 할 경우 장방형 얼굴에도 잘 어울린다.

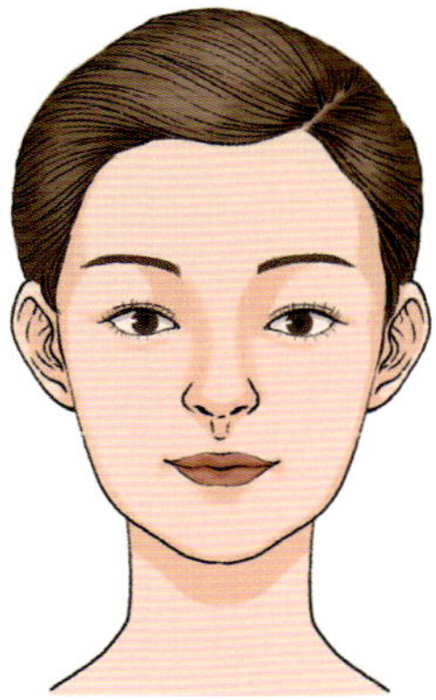

(5) 지그재그형 가르마

지그재그형 가르마는 기하학 직선으로 시선을 분산시키는 효과가 있으며, 가르마의 폭을 조절하여 자기만의 개성을 살릴 수 있는 것이 특징이다. 타원형과 둥근형 얼굴에 잘 어울리며, 지그재그형 가르마를 옆가르마에 가깝게 연출할 경우 장방형 얼굴에도 어울린다. 다른 가르마에 비해 모든 얼굴형에 어울리게 연출할 수 있는 특징이 있다.

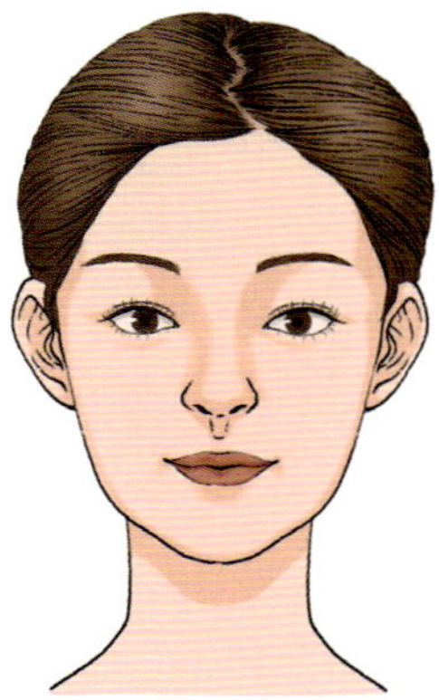

실습

내게 어울리는 가르마 찾기

2) 옆머리 빗질

업스타일 연출 시 옆머리의 빗질 방향으로도 이미지 교정이 가능하다. 강해 보이는 눈매를 부드럽게 만들거나, 개성 없는 이미지를 발랄하고 카리스마 넘치는 이미지로 탈바꿈할 수 있다.

(1) 아래쪽을 향한 비스듬한(-22.5도) 빗질

뒤쪽 아래 방향으로 완만하게 빗질하는 경우에도 안정감을 주는데, 얼굴은 다소 넓어 보이게 한다. 타원형, 장방형, 역삼각형 등의 얼굴에 어울리며, 수평형 빗질과 같이 눈매가 강하여 부드러운 이미지를 연출하고자 하는 사람에게 적합하다.

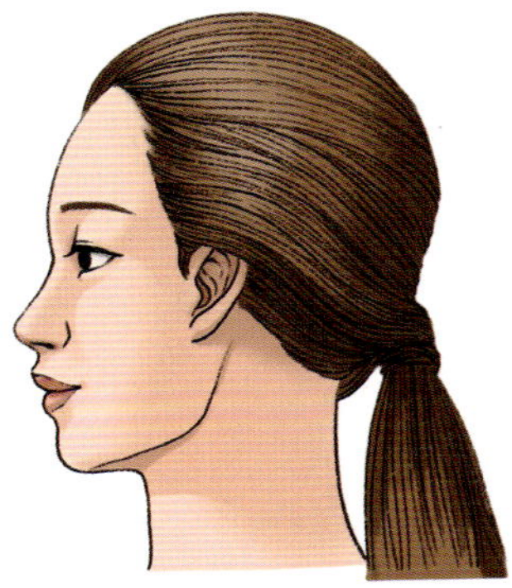

(2) 아래쪽을 향한 다운(-45도) 빗질

뒤쪽 아래 방향으로 45도로 빗질하면 얼굴이 길어 보이는 효과가 있다. 타원형, 둥근형, 사각형 얼굴에 어울린다.

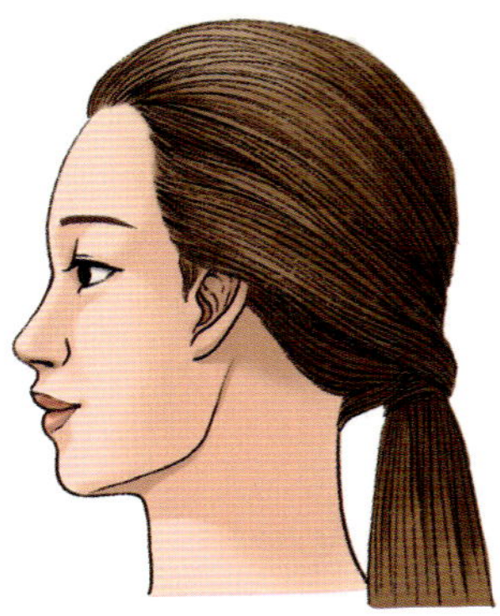

(3) 아래쪽을 향한 급경사(−67.5도) 빗질

아래쪽으로 급경사 빗질을 하는 경우 얼굴이 더욱 길어 보이며, 여성성이 특히 강조되는 특징이 있다. 타원형과 둥근형 얼굴에 적합한 빗질이며, 남성적으로 보이는 사각형 얼굴은 여성스럽게 보이게 하는 효과가 있다.

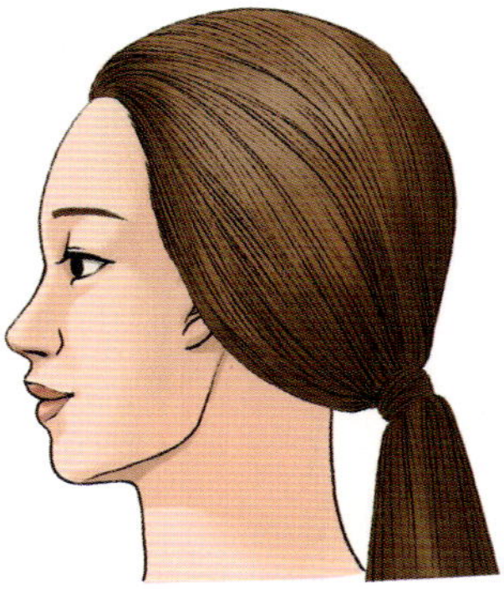

(4) 위쪽을 향한 사선(45도) 빗질

머리가 위쪽을 향해 올라가는 경우 활동성을 높여 주며, 얼굴이 좀 더 길어 보이는 효과를 줄 수 있다. 둥근형 얼굴의 경우 이 빗질을 이용하면 카리스마와 개성 있는 헤어스타일 연출이 가능하다. 눈매가 처진 사람에게 좀 더 생기발랄한 이미지를 줄 수 있다. 다만 눈매가 위로 향한 사람에게는 더욱 강한 인상을 줄 수 있다는 점에 주의할 필요가 있다.

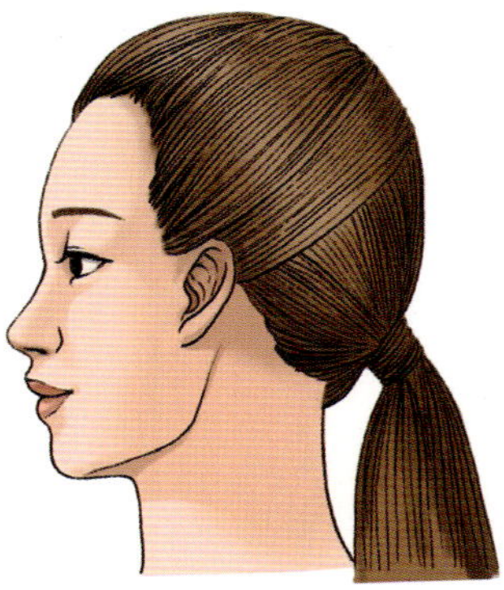

(5) 수평형 빗질

수평으로 빗질할 경우 전체적으로 안정감을 주지만 가로선 방향은 얼굴이 넓어 보일 수 있다. 타원형이나 얼굴이 긴 장방형 얼굴에 어울리며, 눈매가 강한 인상을 부드럽게 해 준다.

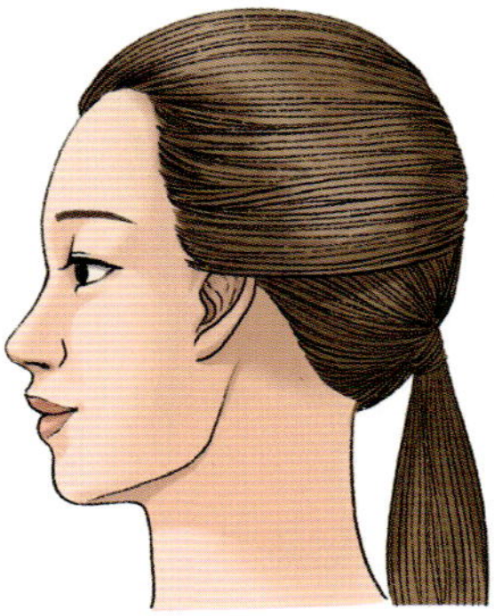

실습

내게 어울리는 빗질 방향 찾기

3) 헤어 볼륨 연출

얼굴형과 이미지를 보완 및 향상하는 또 다른 방법은 헤어 볼륨을 이용하는 것이다. 헤어 볼륨을 만드는 방법과 크기에 따라 다양하게 조절해 보면서 자기에게 어울리는 스타일을 연출해 본다.

(1) 헤어 볼륨

평소 우리가 하는 빗질은 모근에서 시작해서 모발 끝으로 하는 빗질이고, 백콤(Back–comb)은 모근 방향으로 거꾸로 빗질하는 것이다. 백콤은 부풀림, 면의 연결, 방향을 주는 3가지 방법이 있다. 가장 많이 사용되는 것은 부풀림을 위한 백콤으로, 표면에 역모가 나오지 않도록 하는 테크닉이 중요하다.

기본적인 백콤은 다음과 같은 방법으로 연출할 수 있다.

- 모발 상태, 섹션과 방향, 모발의 양 등에 따라 어울리는 업스타일을 정한다.
- 볼륨을 넣고자 하는 머리를 반원으로 나눠 2개 파트를 만든다.
- 기본 섹션으로는 가로 7cm, 세로 2~3cm 정도의 모발을 잡는다.
- 파트를 4등분하여 맨 뒤의 1/4부터 시작한다.
- 평행하게 모근에서 10cm 떨어진 부분에서 두피 방향으로 평행을 유지하면서 롤링(Rolling)한다.
  ☞ 롤링이란 빌, 브러시를 반복 회전시키는 동작이다.
- 롤링한 모발을 압축시켜 스프레이로 고정한다.
- 앞머리 부분의 1/4은 표면이 되는 부위로 스타일과 방향을 잡으면서 차분하게 빗질하여 볼륨의 높이를 정한다.

(2) 헤어 볼륨의 크기와 이미지

볼륨을 가로, 세로, 평균으로 해서 동그랗게 연출하면 얼굴형을 부드럽게 보이게 하고 여유로운 이미지를 준다. 볼륨을 얼굴 폭보다 더 좁게 하여 모발을 모아 높게 연출하면 얼굴이 좁아 보이고 샤프한 이미지를 줄 수 있다.

볼륨의 크기를 줄 때에는 볼륨의 한계를 알고 활용해 보자. 최소한의 볼륨은 미간에서 윗입술 선까지를 반지름으로 해서 그린 원의 범위 내에서 주도록 한다. 또 최대한의 볼륨은 미간에서 턱까지를 반지름으로 해서 그린 원의 범위 내에서 주도록 한다. 최소한과 최대한의 범위 내에서 볼륨 크기를 다양하게 조절해 보면서 자신에게 가장 잘 어울리는 스타일을 찾아본다.

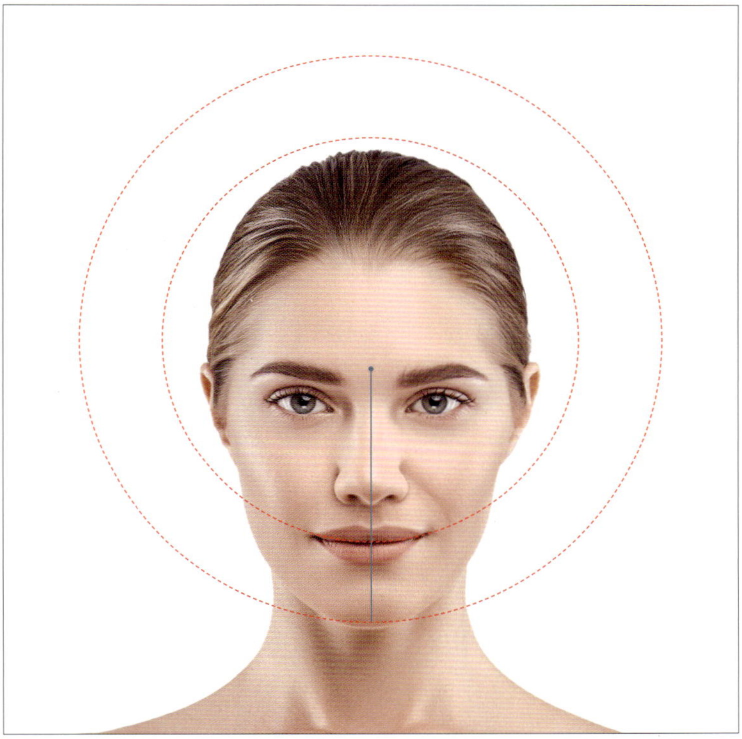

dima_sidelnikov / iStock / Getty Images Plus

볼륨 크기의 최대 및 최소 범위

04

헤어 및 두피 관리

단정한 헤어 연출을 위해 백콤을 하고 스프레이를 자주 사용하면 피지와 땀 분비물이 모공을 막아 염증성 질환이 발생하기 쉽다. 심하면 탈모까지 유발할 수 있으므로 꼼꼼한 두피 관리가 필수이다.

두피도 피부와 같이 자외선에 장시간 노출되지 않도록 양산이나 모자를 이용하는 것을 추천한다. 특히 여름철에는 통풍이 잘되는 넉넉한 크기의 모자가 좋다. 또한 외출 전에는 유분이 적은 자외선 차단제나 에센스, 스프레이 등을 사용하여 두피가 건조해지지 않도록 주의한다. 가르마를 한쪽으로 타면 그 부분만 지속적으로 자외선에 노출되므로 가르마를 주기적으로 바꿔 탈모를 예방할 수 있다.

샴푸는 언제 하는 것이 좋을까? 외출하면서 쌓였던 미세먼지, 땀 등을 제거해야 모공이 막히는 것을 방지할 수 있다. 저녁에 샴푸 시 모발을 미지근한 물로 충분히 헹군 후 샴푸를 500원 동전 크기만큼만 짜서 양손으로 비벼 충분히 거품을 낸 다음 머리를 감는다. 머리가 길거나 숱이 많다면 조금 더 많은 양을 사용하여 두피부터 샴푸하고 나머지 거품으로 모발까지 마사지한다. 손톱으로 두피를 긁는 듯한 샴푸 습관은 꼭 고치는 것이 좋다. 손톱으로 두피에 상처가 생길 수 있고, 손톱 사이에 있는 세균이 두피에 트러블을 일으킬 수 있다. 손가락 끝이나 손바닥을 이용하여 마사지하듯 감거나 두피용 마사지 도구를 이용하여 감는 것도 효과적이다.

이때 백콤이나 스프레이를 사용하여 머리가 엉킨 상태라면, 샴푸 전 트리트먼트로 엉킨 부분을 문질러서 미지근한 물로 헹군 다음 샴푸를 해야 머리카락이 빠지는 것을 예방할 수 있다.

트리트먼트는 크게 두피용과 모발용으로 구분된다. 대부분 모발용 트리트먼트는 부드러운 효과를 극대화하기 위해 실리콘 성분이 첨가되는데, 이 성분이 두피 모공을 막는 원인이 된다. 따라서 모발용 트리트먼트는 모발 위주로 하고 두피에 닿지 않도록 한다.

트리트먼트를 사용할 때는 손끝으로 지압하듯 두피 전체에 문질러서 미지근한 물로 헹궈 내는 것이 중요하다. 트리트먼트를 깨끗이 헹궈 내지 않으면 외부 먼지나 유해 물질이 잘 달라붙어 모근뿐만 아니라 모발 건강을 해치므로 깨끗하게 헹궈 준다.

머리를 감을 때 적정한 온도는 샤워기를 손목에 댔을 때 미지근하게 느껴지는 정도라고 생각하면 된다. 너무 뜨거운 물은 두피에 자극을 주고 모발의 유분기를 제거하여 머릿결을 푸석하게 하고, 너무 차가운 물은 두피에 쌓인 노폐물을 깨끗하게 제거하지 못하고 모발을 엉키게 한다.

그 무엇보다 두피를 완전히 건조하는 것이 중요하다. 드라이기는 열이 직접 두피에 닿지 않도록 두피에서 30~35cm 정도 떨어뜨린 뒤 찬바람과 뜨거운 바람으로 번갈아 건조시키고 마지막은 찬바람으로 마무리한다. 머리카락을 타월로 비벼 가며 말리는 경우가 있는데, 이는 머릿결을 손상시키므로 타월 드라이를 할 때는 두피와 모발을 툭툭 쳐 가면서 물기를 최대한 제거하는 것이 좋다. 머리를 감고 나서 수건을 감아올린 채 다른 일을 하기도 하는데, 샴푸 직후 두피에 열기가 남아 있는 습한 상태는 세균이 활동할 수 있는 최적의 환경이 되므로 유의하도록 한다.

두피 스케일링을 주기적으로 하고, 두피에 좋은 음식을 섭취한다. 단백질이 풍부한 달걀, 두부, 소고기, 돼지고기, 닭고기, 해바라기씨, 시금치, 생선, 콩, 완두콩, 견과류, 씨앗류, 유제품, 과일 등 두피 건강에 좋은 음식을 충분히 섭취한다.

05

면접 헤어스타일 연출

준비물

헤어드라이기, 헤어 롤브러시, 꼬리빗, 헤어 실망, 검정 고무줄, 실핀, **U**자핀(대, 중, 소), 스프레이, 왁스 등

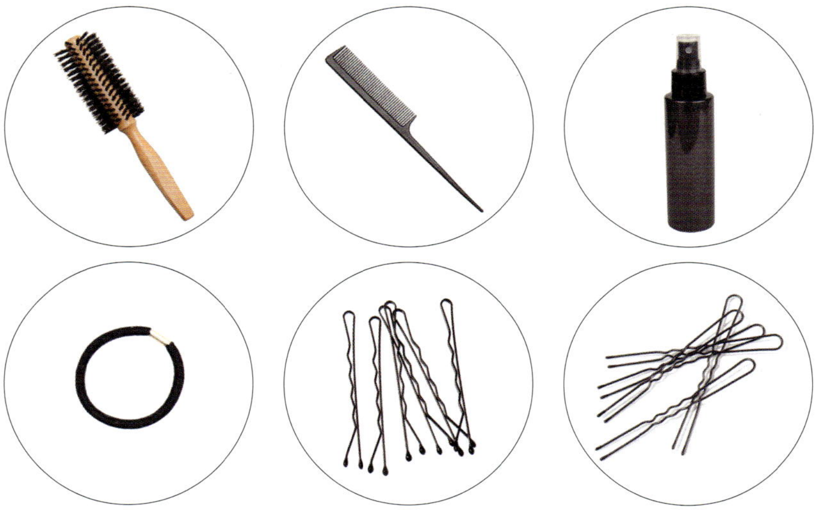

1) 기본 업스타일 연출하기

① 자신에게 어울리는 가르마를 찾은 후 머리를 잘 빗어 준다.

② 헤어 볼륨을 원하면 백콤을 넣어 손질하여 고무줄로 단단히 묶는다. 귀 가운데 지점을 기준으로 수평이 되도록 묶는 것이 가장 적당하다.

③ 가르마를 고려하여 잘 고정시킨 후 전체적으로 스프레이를 뿌려 단단히 고정시킨다. 이때 손바닥이나 꼬리빗의 손잡이에 스프레이를 뿌리면서 손질하면

빗질 자국이나 뭉치는 부분 없이 자연스럽게 잔머리를 고정할 수 있다.

④ 실망의 매듭 부분에 U자핀(소)을 묶인 고무줄 위에 꽂은 후 미세망으로 머리를 감아 준다. 돌리는 방향과 같은 방향으로 미세망을 감아 주며 머리카락이 미세망 밖으로 나오지 않도록 주의한다.

⑤ 감싼 머리는 손으로 둥글게 돌리면서 마지막 머리 끝부분이 보이지 않도록 안쪽으로 고정시키면서 모양을 만들고 U자핀을 동서남북 방향으로 단단히 고정시킨다.

⑥ 귀 옆과 목선을 정리하며 잔머리를 왁스나 젤 등으로 깔끔하게 마무리한다. 실핀을 사용하여 잔머리를 정돈할 수 있으나 3개 이상 사용하지 않도록 한다.

⑦ 헤어라인 교정이 필요할 경우, 헤어 쿠션이나 섀도우 등을 이용하여 자연스럽게 연출한다.

2) 포니테일 헤어 연출하기

① 자신에게 어울리는 가르마를 찾은 후 머리를 잘 빗어 준다.

② 헤어 볼륨을 원하면 백콤을 넣어 손질하여 고무줄로 단단히 묶는다. 귀 가운데 지점을 기준으로 수평이 되도록 묶는 것이 가장 적당하다.

③ 가르마를 고려하여 잘 고정시킨 후 전체적으로 스프레이를 뿌려 단단히 고정시킨다. 이때 손바닥이나 꼬리빗의 손잡이에 스프레이를 뿌리면서 손질하면 빗질 자국이나 뭉치는 부분 없이 자연스럽게 잔머리를 고정할 수 있다.

④ 포니테일 스타일을 위해 묶인 머리를 C컬, S컬 등 기장에 따라 연출한다.

⑤ 헤어라인 교정이 필요할 경우 헤어 쿠션이나 섀도우 등을 이용하여 자연스럽게 연출한다.

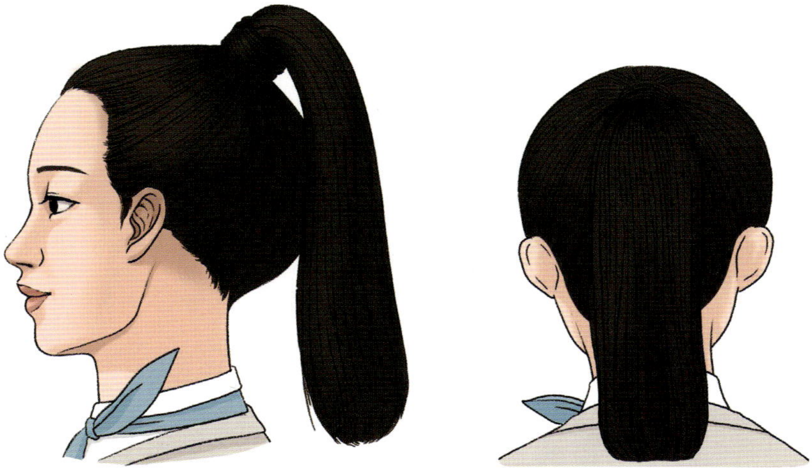

3) 남성 헤어 연출하기

① 자신에게 어울리는 가르마를 찾은 후 드라이기를 이용하여 역가르마 방향으로 모근부터 말린다.

② 모근이 80% 정도 마르면 원하는 가르마로 필요한 부분에 볼륨을 주면서 머리 형태를 잡아 준다.

③ 손바닥에 왁스를 손가락 한 마디 정도 덜어내어 양손으로 비빈다.

④ 고정해야 하는 머리 부분을 왁스가 묻은 양손으로 어루만지면서 자연스럽게 연출한다.

실습

내게 어울리는 면접 스타일 헤어 연출

04

자세 이미지
Posture Image

1_ 자세의 중요성

2_ 공수 자세/앉은 자세/걷는 자세

3_ 인사

4_ 악수

5_ 명함

Posture Image

01

자세의 중요성

앞서 언급한 솔로몬 애쉬(Solomon Asch)의 초두효과 예를 다시 한번 알아볼 필요가 있다. 모 취업 포털 사이트에서 기업의 인사담당자를 상대로 실시한 설문조사에서 인사담당자 절반이 면접 시 지원자의 첫인상을 결정하는 것은 '2분 이내'라고 답했다.

첫인상을 결정짓는 가장 큰 요인으로 태도와 자세가 꼽혔는데, 인사담당자 중 63.4%는 첫인상이 스펙보다 더 중요하다고 답했다. 면접 도중 지원자의 인상이 바뀐 경우는 14.5%에 그쳤다.

또한 다른 사람에게 좋은 인상을 주기 위해 똑바로 앉으라고 하지만, 똑바로 앉는 자세는 자신의 생각에도 큰 영향을 미치는 것으로 나타났다.

Charday Penn / E+ / Getty Images

미국 오하이오 주립대학 리처드 페티 교수팀은 학생 71명에게 자신의 장점과 단점을 3가지씩 쓰도록 지시하면서 이때 절반의 학생에게는 가슴을 펴고 똑바로 앉도록, 나머지 절반의 학생에게는 허리를 숙여 무릎을 쳐다보는 자세로 앉도록 했다. 학생들이 쓴 자신의 장단점을 바탕으로 연구진이 학생들에게 "앞으로 전문 직장인으로서 당신이 얼마나 잘 할 수 있을지 말하라"고 한 결과 자세에 따라 놀라운 차이가 드러났다.

똑바로 앉아 장단점을 쓴 학생들은 자신의 장점을 진짜 장점으로, 단점은 정말 문제로 여겼다. 반면 삐딱하게 앉아 쓴 학생들은 그렇지 않았다. 그들은 장점을 써놓고도 자신에게 그런 장점이 정말로 있는지 의심했으며, 단점에 대해서도 큰 문제가 되지 않는다는 듯한 자세를 취했다.

연구진은 이런 결과에 대해 "똑바로 앉아서 생각하면 긍정적인 것은 더욱 긍정적으로, 부정적인 것은 더욱 부정적으로 느끼게 된다"며 "삐딱하게 앉으면 명확하게 생각할 수 없으며 자신의 생각을 스스로 믿지 못한다"고 밝혔다. 연구진은 마지막으로 학생들에게 "자세가 마음에 영향에 미치는 것을 느꼈냐?"고 물었는데 전원이 "자세가 생각에 무슨 영향이 있냐?"고 반문했다.

자세는 생각에 무의식적으로 영향을 미친다는 증거였다. 페티 교수는 "자세가 생각에 미치는 영향을 학생들이 눈치챘다면 이런 결과가 나오지 않았을 것"이라며 "똑바로 앉는 자세는 긍정적이든 부정적이든 자신의 생각을 확실히 믿도록 만들어준다"고 말했다.

이와 같이, 자세는 상대방에게 좋은 인상을 줄 수 있는 중요한 이미지메이킹 방법일 뿐만 아니라, 이미지 향상의 효과적인 방법이기도 하다.

02

공수 자세/앉은 자세/걷는 자세

1) 올바른 공수 자세

어른을 모시거나 의식행사에 참석하면 공손한 자세를 취해야 하는데, 이 자세는 두 손을 앞으로 모아 잡고 다소곳하게 서든지 앉는 것이다. 이때 두 손을 모아 잡는 것을 공수(拱手)라 하는데, 다음의 방법을 익혀 올바른 공수 자세를 취하도록 한다.

- 남자의 평상시 공수 자세는 왼손이 위로 가게 두 손을 포개 잡는 것이다.
- 남자의 흉사 시(凶事時) 공수 자세는 오른손이 위로 가게 두 손을 포개 잡는 것이다.
- 여자의 평상시 공수 자세는 오른손이 위로 가게 두 손을 포개 잡는 것이다.
- 여자의 흉사 시 공수 자세는 왼손이 위로 가게 두 손을 포개 잡는 것이다.
- 공수할 때 손의 모습은 위로 가는 손바닥으로 아래 손의 등을 덮어서 포개 잡는데, 두 엄지손가락은 깍지 끼듯이 교차시킨다. 그 이유는 넓고 긴 예복의 소매가 흘러내려 맨살이 드러나지 않도록 맞은편의 소매 끝을 누르고, 큰 의식에서는 홀(笏)을 쥐기 위함이다.
- 소매가 넓은 예복을 입을 때는 공수한 팔이 수평이 되게 올린다.
- 소매가 좁은 평상복을 입을 때는 공수한 손의 엄지가 배꼽 부위에 닿도록 자연스럽게 앞으로 내린다.
- 공수하고 앉을 때 공수한 손은 남자는 두 다리의 중앙에 얹고, 여자는 오른쪽 다리 위에 얹으며, 한쪽 무릎을 세우고 앉을 때는 남녀가 모두 세운 무릎 위에 얹는다.

흉사 시(凶事時)

사람이 죽은 때를 말한다. 따라서 자기가 상주 노릇을 하거나 남의 상가를 방문하여 인사할 때나 영결식에 참석하는 것이 흉사이다. 제의례(祭儀禮)는 흉사가 아니다. 조상의 제사는 자손이 있어서 조상을 받드니 길(吉)한 일이다. 따라서 제사에서는 흉사 시의 공수를 하면 안 된다. 엄격하게 말하면 흉사 시의 공수는 사람이 죽어서 약 백일 만에 지내는 졸곡제(卒哭祭) 직전까지의 행사에 참석할 때만 하는 것이다.

2) 올바른 앉은 자세

- 바닥에 앉을 때는 그곳이 사람이 지나다니는 통로이거나 장식물을 가리는 곳이 아닌지 먼저 살핀다. 또한 벽이나 가구 등에 기대앉아서는 안 되며 몸을 삐딱하게 하고 한쪽 손으로 바닥을 짚고 앉아서도 안 된다.
- 발을 뒤로 당겨 균형 있게 앉는다.
- 입고 있는 옷이 바닥에 너무 넓게 펴지지 않도록 옷을 잘 갈무리하여 앉되 불안하거나 조급한 표정으로 있지 말고 차분하고 단정한 표정을 유지하도록 한다.
- 의자에 앉을 때는 어깨 너머로 의자를 보고 의자 깊숙이 앉는다.
- 앉을 의자의 옆에 바른 자세로 정면을 주시하면서 선다.
- 의자가 있는 쪽으로 몸을 약간 돌리면서 의자의 등받이를 손으로 잡아, 흔들리지 않게 한다.
- 의자로 몸을 옮겨 앉을 때는 의자가 뒤로 밀리거나 흔들리지 않도록 앉으면서 의자의 팔걸이나 의자의 양옆을 잡고 앉도록 한다. 일어설 때도 의자의 팔걸이나 옆을 잡아 뒤로 밀리지 않게 한다.
- 두 다리를 자신의 어깨너비만큼 벌리고 양손은 무릎 위에 놓는다.
- 턱은 당기고 시선은 정면, 상대의 눈을 본다.
- 표정은 부드럽게 미소 짓는다.
- 여성의 경우 스커트 뒷자락을 한 손으로 잡고 앉는다.
- 여성은 발을 당겨 나란히 붙여 비스듬히 내놓는다.

IPGGutenbergUKLtd / iStock / Getty Images Plus

3) 올바른 걷는 자세

- 어깨와 등을 곧게 펴고 시선은 정면을 향한다.
- 무릎은 곧게 펴고 배를 당기며 몸의 중심을 허리에 둔다.
- 턱은 당기고 시선은 자연스럽게 앞을 본다.
- 팔은 자연스럽게 흔들고 무릎은 스치듯 걷는다.
- 발 앞 끝이 먼저 바닥에 닿도록 걷는다.
- 발소리가 나지 않도록 체중은 발 앞에 싣는다.
- 발을 끌어당겨 옮기기에 적당한 속도로 걷는다.
- 한 줄의 선 위를 걷는 것처럼 걷는 방향이 직선이 되도록 걷는다.

03
인사

1) 인사의 의의

인사는 사람 '인(人)'자에 일 '사(事)'로 이루어진 말로, 가장 아름다운 행위이자 인간관계의 기본 매너이다. 언제 어디서 누구를 만나든지 진심을 담아 인사하면 호의를 가지고 있음을 표현하며 친근감이 들어 서로 간에 마음의 문을 열게 된다. 또 모르는 사람과의 첫 만남에서도 인사로 인하여 불안감이 해소될 수 있다.

2) 올바른 인사 자세

올바른 인사 자세로 1단계부터 5단계까지 동작을 할 때는 공통적으로 어깨에 힘을 빼고, 턱은 내밀지 않고 자연스럽게 당겨 주며, 입술은 살짝 다물도록 한다.

1단계

상대의 정면에 선다. 턱은 자연스럽게 당기며 양손은 둥글게 쥐어 바지 옆선에 붙인다. 발꿈치는 서로 붙이고 양발의 각도는 30도 정도로 벌린다.

2단계

눈을 맞추며(Eye Contact) 상냥하게 인사말을 건네면서 머리를 반듯이 들고 등과 목을 펴고 배를 끌어당기며 허리부터 숙인다.

3단계

머리, 등, 허리선이 일직선이 되도록 숙인 상태에서 약 2초 정도 멈춘다.

4단계

자연스럽게 천천히 상체를 들어 올린다. (2초 정도)

5단계

마지막으로 상체를 들어 올린 다음 똑바로 선 후 다시 상대방과 눈을 맞추며 미소 짓는다.

☞ 상대방의 눈을 보면서 인사해야 누구에게 하는 인사인지 알 수 있다.

yukik / iStock / Getty Images Plus

인사 종류에 따른 인사 요령

인사 종류	인사 각도	상황
목례 (가벼운 인사) **5도**		• 동료를 자주 마주칠 때 • 낯선 사람을 만날 때 • 통화 중일 때 • 양손에 무거운 짐이 있을 때
약례 (짧은 인사) **15도**		• 동료나 친한 사람을 만날 때 • 복도에서 윗사람이나 동료를 자주 만날 때 • 엘리베이터 안과 같은 협소한 장소에서 • 대화 중 인사할 때
보통례 (보통 인사) **30도**		• 일상에서 가장 많이 하는 인사 • 손님을 맞이하거나 배웅할 때 • 상사에게 보고할 때
경례 (정중한 인사) **45도**		• 감사를 표하거나 사죄할 때 • VIP, 국빈 등을 맞이할 때 • 면접 볼 때

3) 인사 체크포인트

눈을 보고 인사하기

인사의 가장 중요한 포인트는 상대방의 눈을 보고 인사하는 것이다. 인사를 하면서 다른 곳을 쳐다보면 뭔가 진실을 숨기고 있거나 거짓 행동을 연출하고 있다는 오해를 살 수 있다.

경쾌한 목소리, 밝은 표정

인사 자세와 더불어 중요한 것은 목소리와 표정이다. 따라서 좋은 인사의 삼박자는 인사하는 자세, 경쾌한 목소리, 밝은 표정이다. 이때 목소리는 '솔(Sol)' 음의 톤으로 하여 밝은 인사를 건넨다. 태도와 눈의 표정도 그 자체만으로 따듯한 인사말이 담긴 인사이다. 한 가지 덧붙인다면 인사를 하는 사람의 진심 어린 마음가짐도 중요하다.

올바른 공수 자세

올바른 손의 자세(이른바 '공수')로 인사한다. 어른에게 인사를 하거나 경건한 의식에 참여하여 인사할 때는 공손한 자세를 취하며 '공수' 자세를 한다. 두 손의 손가락을 가지런히 붙여서 편 다음 두 손을 모은다. 공손한 자세를 한 손의 모습은

© Getty Images Bank

두 손을 앞으로 모아 맞잡은 모습인데, 이 자세를 공수(拱手)라 한다. 공수 자세는 의식행사에 참여하여 어른 앞에서 공손한 자세를 취할 때와 전통 배례를 할 때 취한다.

공수 자세를 자세히 살펴보면, 두 손의 손가락을 가지런히 붙여서 편 다음 앞으로 모아 포갠다. 두 손의 엄지손가락은 서로 엇갈려 깍지를 끼고, 검지손가락 이하 네 손가락은 서로 포갠다. 아래에 있는 손의 네 손가락도 가지런히 펴고, 위에 있는 네 손가락은 아래에 있는 손의 새끼손가락을 지긋이 쥐어도 된다. 평상시 공수할 때 남자는 왼손이 위로 가고 여자는 오른손이 위로 가게 하며, 흉사 시에는 그 반대이다.

시간, 장소, 상황 고려하기

시간(Time), 장소(Place), 상황(Occasion)에 맞게 인사한다.

Rainbow 인사

Rainbow 인사란 똑같이 되풀이하는 상투적인 인사가 아니라 상황과 분위기에 맞춰 하는 인사를 말한다. 예를 들어, "안녕하십니까? 어서 오십시오!", "좋은 아침입니다!", "감사합니다. 또 뵙겠습니다"와 같이 상황에 따라 적절히 표현하는 인사이다.

4) 상황에 따른 인사법

복도에서의 인사법

상대방을 보고 시선을 맞춘 후 걸어가면서 미소 띤 얼굴로 간단한 인사말을 한다. 인사말을 건넨 후 바로 허리를 굽혀 인사하고, 상사인 경우는 벽 쪽으로 비켜서 있다가 스치는 순간에 인사한다. 복도 끝이나 모퉁이를 돌면서 갑자기 만난 경우, 상대방이 놀라지 않도록 뒤나 옆으로 한 걸음 물러서서 인사를 한다.

좌석에서의 인사법

자리에서 일어나는 동안 인사를 하고 바로 선 자세에서 허리를 굽혀 다시 인사한다. 자세를 바로 한 후 상대의 시선을 보고 다시 앉도록 한다.

AzmanL / E+ / Getty Images

계단에서의 인사법

상사가 아래쪽에서 올라 올 때는 가까이 다가가 옆으로 비켜서서 기다리다가 같은 높이까지 올라오면 인사하고, 상사가 위에서 내려올 때도 역시 비켜서서 기다리다가 상사보다 두세 계단 아래에서 인사한다.

04

악수

1) 악수의 의의

악수의 기원은 중세 시대로 거슬러 올라간다. 손에 무기를 들고 있지 않음을 보여 주어 공격할 의사가 없음을 확인하기 위한 수단으로 사용되었다고 알려져 있다. 오늘날에는 우호와 화합의 수단이자 상대방에 대한 반가움과 존경의 표시로 손을 맞잡음으로써 서로 마음의 문을 열게 된다. 또한 악수는 사람을 평가하는 방법이 되기도 해서 악수로 그 사람이 얼마나 자신 있는지, 솔직한지도 판단할 수 있다.

악수가 상대방을 환영하고 존경한다는 표시이므로 악수를 할 때는 마음의 문을 열고 맞잡은 손을 흔들면서 살짝 미소 짓는다. 사람은 스킨십을 하면 친밀감이 빠르게 형성된다고 한다. 악수는 처음 만나는 사이에 맨 처음으로 당당하게 할 수 있는 스킨십이며, 이런 악수에도 매너가 있다.

Bloom Productions / Stone / Getty Images

2) 악수의 요령과 유의사항

(1) 시선 처리

악수는 상대방과 손을 맞잡는 신체적인 접촉이지만, 눈빛을 주고받는 마음의 교감이 중요하다. 따라서 악수할 때는 상대방의 눈을 보고 부드럽게 미소 지으며 이름이나 직함을 부르도록 한다. 눈을 보면서 하지 않는 악수는 실례이다.

☞ 악수 시 시선은 눈 → 손 → 눈 순으로 둔다.

(2) 손을 잡는 요령

상대를 쳐다보며 손을 내밀되 엄지를 위로 세우고, 손을 잡을 때는 엄지와 인지 사이의 깊숙한 부분이 서로 닿도록 맞잡는다. 손은 적당히 힘을 주어 가볍게 서너 번 흔든다. 악수 시 손을 지나치게 세게 잡거나 잡은 손을 위아래로 지나치게 많이 흔들지 않도록 한다. 악수하는 동안 왼손을 주머니에 넣거나 뒷짐을 져서는 안 된다.

손을 너무 오래 잡고 있지 않도록 하며, 악수한 손을 놓을 때는 특별히 더 신경을 써야 한다. 힘없이 손을 '툭'하고 뺀다거나 너무 빨리 손을 놓으면 상대방이 내심 무시당한다는 느낌을 받을 수 있기 때문이다.

© Getty Images Bank

(3) 악수를 청하는 순서

악수는 윗사람이 먼저 청하는 것으로 지위가 낮은 사람이나 나이가 어린 사람이 손을 먼저 내밀어서는 안 된다. 악수는 서열이 높은 사람이 먼저 청한다. 명함은 나를 소개하는 것이기 때문에 서열이 낮은 사람이 먼저 예의 바르게 건네는 것이 매너이지만, 악수는 서열이 높은 사람이 먼저 청하는 것이 매너이다. 단, 먼저 악수를 청하고 싶다면 "제가 악수를 청해도 되겠습니까"라고 물어 허락을 받은 후 악수한다. 손을 잡을 때는 오른손을 사용한다. 아는 사람을 만났을 때는 악수에 대비하여 오른손에 들고 있던 물건을 미리 고쳐 든다. 왼손잡이도 악수는 오른손으로 하는 것이 예의이다.

먼저 악수를 청할 수 있는 경우	먼저 청하지 않고 기다려야 할 경우
여성	남성
지위가 높은 사람	지위가 낮은 사람
선배	후배
연장자	연소자

(4) 악수 시 삼갈 행동

악수하면서 굽신거리는 행동이나 어깨 껴안기, 두 손으로 잡기 등은 자칫 비굴하게 보일 수 있으므로 삼간다. 특히 동양인 중 어떤 사람은 악수를 하면서 절을 하기도 하는데, 악수가 서양식 인사이므로 절을 할 필요는 없다. 특히, 외국인과 악수를 할 때는 허리를 꼿꼿하게 세워 서로 대등한 악수를 하도록 한다. 악수라는 것은 비즈니스를 잘해 보자는 뜻으로 서로 평등한 입장에서 하는 행동이다.

따라서 자신이 '을'의 입장에 있는 경우 지나치게 허리를 굽히면서 악수를 하는 것은 비굴해 보이고 아부하는 것처럼 보일 수 있으므로 주의해야 한다. 악수를 하는 손을 왼손으로 감싸 쥐는 행동 또한 비굴해 보일 수 있다.

(5) 악수 시 유의사항

- 손에 땀이 많이 나는 경우는 상대에게 불쾌감을 주지 않도록 수건으로 가볍게

닦은 후 악수한다.

- 장갑을 끼고 있을 때는 반드시 장갑을 벗고 악수하되, 행사를 위해 행사 중에 장갑을 착용한 경우엔 무방하다. 단, 여성의 경우나 겨울철 실외의 경우도 예외이다.
- 계속 손을 잡은 채로 말을 해서는 안 되며, 인사만 끝나면 곧 손을 놓도록 한다.
- 손을 잡는 강도가 중요하다. 악수 시 힘이 없는 사람은 활력이 부족해 보이고, 손을 세게 꽉 쥐는 사람은 부적절하고 어딘가 감정에 치우친 느낌을 준다. 보송보송하고 따뜻한 감촉으로 부드럽게 쥐는 정도가 중요하다.
- 악수는 정다움의 표시이므로 장난기가 섞이거나 형식적인 의례가 되어서는 안 된다.
- 여성과 악수할 때는 여성이 먼저 손을 내밀 때까지 악수하지 않고, 너무 꽉 쥐어 아프지 않도록 하며, 손을 잡은 상태에서 손가락으로 손바닥을 간지럽히거나 손장난을 하지 않는다.

05

명함

1) 명함의 의의

비즈니스로 누군가를 만날 때 가장 먼저 자신에 대한 정보를 제공하는 매체가 바로 명함이다. 명함은 손바닥보다 더 작은 종이 한 장에 불과하지만, 그 안에 담긴 자신에 대한 정보와 이미지를 생각한다면 자기 외모를 관리하듯 명함도 관리해야 한다.

2) 명함의 실제

(1) 여유 있게 준비하기

명함은 깨끗한 상태로 여유 있게 준비한다. 상대방에게 자신을 표현하고 기억하게 할 수 있는 유용한 수단이므로 떨어지지 않게 늘 넉넉히 준비해 둔다. 적어도 일주일에 한 번은 명함집 속의 명함 개수를 점검하고 받은 명함을 정리하는 '명함 타임(Business-card Time)'을 갖는 것이 좋다.

simplehappyart / iStock / Getty Images Plus

(2) 명함집 지침하기

명함은 반드시 명함집에 넣어 가지고 다닌다. 특히 남성의 경우, 번거롭다는 이유로 별도의 명함 지갑 없이 일반 지갑이나 수첩에 넣어 두는 경우가 있다. 하지만 이런 경우 상대방 앞에서 명함을 주고받을 때 자신의 수첩 속 내용이나 지갑 속 카드, 현금 등 사적인 것을 이유 없이 보여 주게 되고 자칫하면 명함이 구겨지거나 더럽혀질 수 있다.

명함을 바지 뒷주머니에서 꺼내거나 넣는 것도 삼가야 할 명함 보관 사례 중 하나이다. 명함이 '제2의 나의 얼굴'임을 생각한다면, 엉덩이에서 얼굴을 꺼내는 것이 보기 좋지는 않을 것이다.

(3) 명함 전달하기

명함을 전달할 때는 상대방이 바로 보기에 좋은 방향으로 전달한다. 명함 전달이라는 것은 내 손에서 상대방 손으로 넘겨주는 공간 이동의 의미만 있는 것이 아니다. 기본적으로 명함이라는 것은 나를 위한 것이 아니라 상대방을 위한 것이기 때문에, 무조건 주기만 하면 된다는 생각을 버리고 상대방이 읽기 쉬운 방향으로 전달하려고 항상 노력해야 한다.

즉, 명함을 줄 때는 반드시 자기 이름이 상대방 쪽으로 향하게 한다. 처음부터 명함을 명함집에 넣을 때 상하를 거꾸로 넣어 두면 편리하다. 자신을 소개하는 멘트도 곁들이면 자신을 기억하게 하는 효과적인 방법이 된다.

또 명함을 한 손으로 전달하는 것은 상대방을 함부로 여기는 듯한 인상을 주므로 반드시 두 손으로 건넨다.

(4) 명함 교환하기

명함을 서로 주고받을 때는 윗사람이 먼저 건네는 것이 매너이다. 이때 명함을 먼저 받은 사람이 "○○○이시군요"하고 확인한 후에 "저는 ○○○입니다"하고 건넨다. 상사와 자신이 동시에 고객에게 명함을 주어야 할 때는 먼저 상사가 건넨 뒤에 건넨다.

(5) 명함에 관심 표하기

명함은 받은 즉시 읽고 관심을 표한다. 명함을 교환하고 난 다음 어색한 정적이 흐르는데 명함을 받고 나서는 그 명함에 관심을 표하는 것이 좋다. 회사의 업종이나 이름에 대한 대화, 특히 한자 명함일 때는 실수를 방지하기 위해 복창을 하여 확인하는 것이 필요하다.

명함을 받자마자 상대방이 보는 앞에서 가방 속에 넣어 버리는 것도 매너가 아니다. 상대방이 무시당하는 느낌을 받을 수 있기 때문이다. 받은 명함은 테이블 위에 두고 대화 중간중간 보면서 이름이 생각나지 않거나 다른 정보를 파악할 때 도움을 받도록 한다.

(6) 명함 보관하기

명함은 상대방의 분신이므로 소중하게 다룬다. 따라서 더럽혀지거나 접힐 가능성이 있는 곳, 특히 뒷주머니에 넣지 않아야 한다. 뒷주머니는 자리에 앉는 즉시 구겨지기도 하고 명함을 깔고 앉는 것은 상대방을 무시하는 행동으로 받아들여지기 때문이다.

© Getty Images Bank

(7) 명함 대용 지참하기

상대방이 명함이 없을 때를 대비하여 명함 크기의 메모지나 포스트잇을 준비해 두는 것이 좋다. 필요할 경우 상대방에게 회사, 이름, 직급, 연락처, 이메일 주소를 직접 메모지에 써 달라고 하면 상대방은 그 배려에 감동을 받을 수도 있다. 보통 비즈니스로 사람을 만났을 때 명함이 없으면 당황하거나 미안해하는 경우가 있기 때문이다.

05

퍼스널 컬러 이미지
Personal Color Image

1_ 퍼스널 컬러의 중요성
2_ 퍼스널 컬러의 분류
3_ 퍼스널 컬러 진단

Personal Color Image

01

퍼스널 컬러의 중요성

사람은 정보의 80% 이상을 시각을 통해 얻으며, 시각 정보 중에서도 컬러가 가장 큰 비중을 차지한다. 그래서 사람들은 자신의 이미지를 가장 효과적으로 나타내기 위해 컬러를 다양하게 활용하며 최근에는 퍼스널 컬러에 대한 관심도 높아지고 있다.

사람들이 컬러를 보면서 느끼는 감정은 두 가지로 구분할 수 있다. 첫째는 모든 사람들에게 공통된 객관적인 심리 효과로 고유 감정(Common Feeling)이라는 단어로 표현할 수 있다. 둘째는 고유 감정 외에 개별적으로 느끼는 심리 효과로 표현 감정(Individual Feeling)으로 표현할 수 있다. 사람들이 색을 보면서 '좋다' 혹은 '싫다', '어울린다' 혹은 '안 어울린다' 등 개인마다 주관적으로 다르게 느끼는 심리 효과이다.

© Getty Images Bank

퍼스널 컬러는 개인의 신체 색과 조화를 이루는 컬러를 찾는다는 면에서 '어울리는 색'이라는 주관적인 느낌과, 그 컬러가 왜 어울리는지 그 이유를 객관적인 고유 감정과 연관하여 활용해야 한다. 즉, 원하는 이미지에 대해 고유 감정과 표현 감정을 조화롭게 접목하여 퍼스널 컬러를 찾아야 전체적인 이미지가 더욱 돋보이고, 다양한 상황에 적합하게 연출할 수 있다.

퍼스널 컬러에 맞춰 메이크업을 하고 옷을 선택할 때 베이스 컬러, 서브 컬러, 악센트 컬러 등 면적비와 구성비에 따른 변화 등도 고려하여 인상이 밝아 보이고 생기 있어 보이게 연출해 보자.

02

퍼스널 컬러의 분류

1) 웜톤(Warm Tone)과 쿨톤(Cool Tone)

퍼스널 컬러는 크게 웜톤(난색)과 쿨톤(한색)으로 나눌 수 있다. 웜톤은 옐로를 베이스로 한 컬러로 따뜻한 느낌을 주는 난색 계통이고, 쿨톤은 블루를 베이스로 한 컬러로 차가운 느낌을 주는 한색 계통이다. 퍼스널 컬러에서 색에 대한 기본 개념은 단순히 하나의 색상에서 한 가지 감각이 느껴지는 것이 아니라 같은 색상이라도 온도를 다르게 느낄 수 있다는 것이다.

같은 색상 내에서도 옐로가 많이 들어 있으면 웜톤이고, 블루가 많이 들어 있으면 쿨톤에 해당한다. 예를 들어 블루는 한색 계통이지만 블루에 옐로를 혼합하면 웜톤이 되고, 레드는 난색 계통이지만 화이트나 블랙을 혼합하면 쿨톤이 된다.

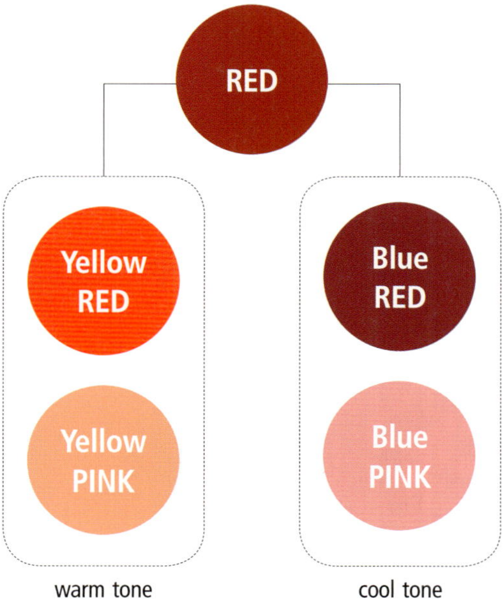

웜톤(난색)과 쿨톤(한색)

순색(노랑, 파랑 셀로판지) 빨/노/파/보

옐로 베이스의 컬러는 얼굴이 노란색을 띠어 혈색이 좋아 보이며, 얼굴 윤곽은 팽창되어 보인다. 블루 베이스의 컬러는 얼굴이 혈색이 없고 하얗게 보이며 얼굴 윤곽은 수축되어 보이는 것이 고유 감정이다. 이것은 자연에서 노란색에 가까울수록 밝고 색이 강하게 보이는 반면, 파란색에 가까울수록 어둡고 무채색에 가깝게 보이는 것과 일맥상통한다.

2) 사계절 컬러(봄 · 여름 · 가을 · 겨울)

사계절 컬러는 자연의 사계절 색과 사람의 타고난 신체 색이 서로 연결되어 있다는 생각에서 착안된 개념이다. 톤(Tone)의 명도와 채도를 기준으로 소프트(Soft)와 하드(Hard)로 분류하고 계절이 가지는 고유한 이미지에 세분화한 신체 색(피부색, 눈동자색, 머리카락색)을 연결하여 컬러를 분류해 놓은 것이다.

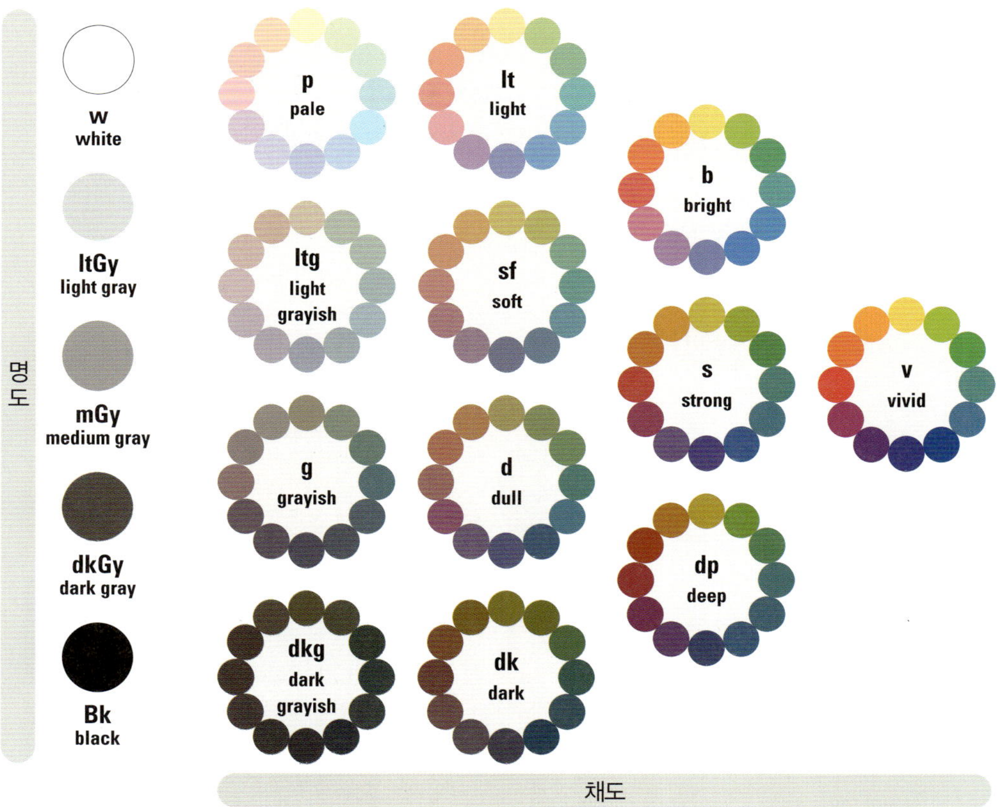

PCCS 톤의 배색 체계

신체 색은 따뜻함(Warm)과 차가움(Cool), 소프트(Soft)와 하드(Hard)로 분류하여 사계절 이미지와 동일하게 나타낸 것이다. 따뜻함에는 봄과 가을 타입, 차가움에는 여름과 겨울 타입이 있고, 소프트는 봄과 여름 타입, 하드는 가을과 겨울 타입에 해당한다.

PCCS 톤(Practical Color Coordination System)은 일본색채연구소에서 제안한 배색 체계이다. 세로축은 명도, 가로축은 채도를 나타내고 무채색을 제외한 12가지 색으로 그룹화했다. 자신에게 어울리는 명도와 채도를 먼저 파악한 후 사계절 타입을 찾아보자.

먼저 PCCS 톤을 이루는 12가지 그룹의 특성을 사계절로 나눠 살펴보자.

(1) 봄 타입: 옐로 베이스

봄에 속하는 타입은 노르스름한 톤의 피부색으로 피부 질감이 매끄럽고 피부가 얇고 투명하기 때문에 얼굴에 주근깨 같은 잡티가 생기기 쉽다. 눈동자색은 노란빛이 도는 밝은 갈색으로 생동감을 주고, 머리카락은 노란빛이 도는 갈색으로 윤기가 흐르며 얇고 부드러운 것이 특징이다.

봄 컬러의 속성을 살펴보면, 먼저 색상은 옐로 베이스로 혈색이 드러나면서 건강하고 활기차 보인다. 둘째, 명도는 중~고명도로 안색이 밝고 피부가 탄력이 있

봄 타입: 옐로 베이스

어 보이고 윤곽이 팽창되어 보인다. 셋째, 청탁에서 청색에 해당하지만 강한 청색에서 청색에 근접한 탁색도 포함된다. 청색은 얼굴 윤곽을 또렷하게 하고 피부가 윤기 있어 보이게 한다.

이처럼 봄 컬러의 속성 효과가 좋은 인상을 주는 경우 봄이 어울린다고 평가할 수 있다. 봄 타입은 따뜻하고 경쾌하며 젊고 귀여운 이미지를 가진다.

(2) 여름 타입: 블루 베이스

여름에 속하는 타입은 노르스름한 피부에 흰빛이 감도는 피부색이거나 약간 붉은 피부에 흰빛이 감도는 피부색으로 햇볕에 잘 타지 않고 붉어지는 특징이 있다. 눈동자색은 부드러운 갈색으로 푸른빛이 감돌며 부드러운 느낌을 주고, 머리카락은 윤기가 없는 건조한 편으로 가늘고 회색빛이 도는 갈색을 띠는 것이 특징이다.

여름 컬러의 속성을 살펴보면, 먼저 색상은 블루 베이스로 피부가 하얗게 보이면서 깨끗하게 보인다. 둘째, 명도는 중~고명도에 해당하여 안색이 밝아 보이고 윤곽이 팽창되어 보인다. 셋째, 청탁에 밝은 톤의 청색과 탁색이 포함되는데 탁색은 윤곽을 소프트하게, 피부를 매끈하게 보이게 하는 효과가 있다.

이처럼 여름 컬러의 속성 효과가 좋은 인상을 줄 경우 여름이 어울린다고 평가할 수 있다. 여름 타입은 우아하면서 부드럽고 밝은 이미지를 가진다.

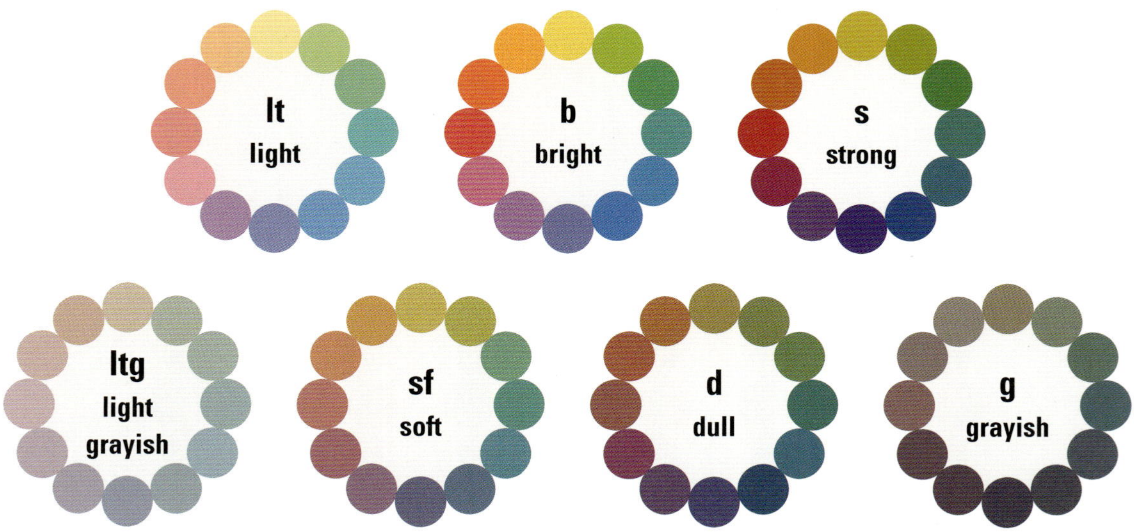

여름 타입: 블루 베이스

(3) 가을 타입: 옐로 베이스

가을에 속하는 타입은 노르스름한 피부에 갈색빛이 도는 피부색으로 윤기가 없고 혈색이 없는 편이다. 봄의 피부색보다 더 짙으며 햇볕에 잘 타는 편이다. 눈동자색은 짙은 황갈색 계열로 포근한 느낌을 주며 머리카락은 짙은 갈색으로 윤기가 없는 것이 특징이다.

가을 컬러의 속성을 보면, 먼저 색상은 옐로 베이스로 피부에 혈색이 있어 활기차게 보인다. 둘째, 명도는 중~저명도로 모두 어두운 컬러가 아니라 소프트 톤이나 라이트 그레이 톤과 같이 밝은색도 포함하며 안색이 짙고, 수축되어 보인다. 셋째, 청탁에는 탁색으로 딥 톤, 다크 톤도 포함되는데, 탁색은 윤곽을 부드럽게, 피부를 매끈하고 매트하게 보이게 하는 효과를 준다.

이처럼 가을 컬러의 속성 효과가 좋은 인상을 줄 경우 가을이 어울린다는 평가를 내릴 수 있다. 가을 타입은 중후하고 성숙하며 따뜻하고 친숙한 이미지를 가진다.

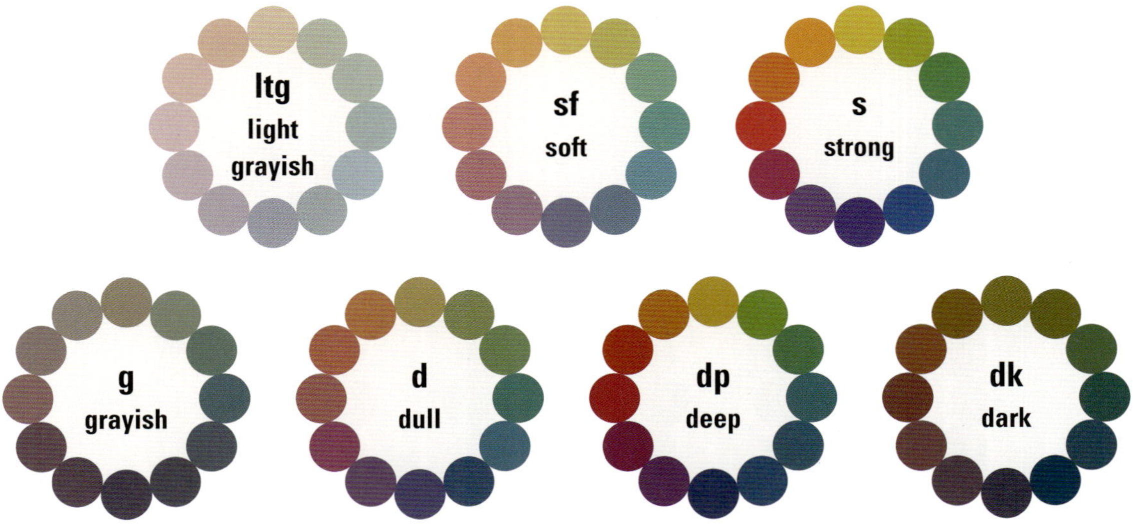

가을 타입: 옐로 베이스

(4) 겨울 타입: 블루 베이스

겨울에 속하는 타입은 희고 푸른빛이 나거나 노르스름하면서 푸른빛이 감도는 피부색을 지니며, 피부가 얇고 투명하다. 뒷머리 두피색과 손목 안쪽 색, 눈동자색은 짙은 회갈색이나 검은색으로 흰 피부와 대조를 이뤄 세련된 느낌을 주고, 머리카락색 또한 푸른빛이 감도는 짙은 갈색이나 검은색인 것이 특징이다.

겨울 컬러의 속성을 살펴보면, 먼저 색상은 블루 베이스로 피부가 하얗고 투명하며 말끔해 보인다. 둘째, 명도는 가장 밝은색에서 가장 어두운색까지 포함하는데, 특히 저명도에 의해 안색이 어둡고, 수축되어 얼굴이 작아 보이며 윤곽이 선명해 보인다. 마지막으로 청탁은 청색에 가까운 탁색까지 포함한 청색으로 윤곽선이 분명하고 피부에는 광택이 나는 효과가 있다.

이처럼 겨울 컬러의 속성 효과가 좋은 인상을 줄 경우 겨울이 어울린다는 평가를 내릴 수 있다. 겨울 타입은 선명하고 샤프하면서 화려하고 위엄 있는 이미지를 가진다.

겨울 타입: 블루 베이스

03

퍼스널 컬러 진단

퍼스널 컬러 진단은 개인이 가진 신체의 고유 색상인 피부색, 눈동자색, 머리카락색, 두피색, 손목 안쪽 피부색 등과 자연의 사계절 색을 비교, 분석하여 내린다. 퍼스널 컬러는 베스트 컬러(Best Color), 베이직 컬러(Basic Color), 워스트 컬러(Worst Color)를 구분하여 찾아본다. 좋아하는 컬러와 어울리는 컬러를 구분하고, 필요한 컬러와 힐링 컬러를 조화롭게 뷰티와 패션에 활용하여 연출하자.

1) 신체 색상 유형 측정

육안 측정을 통해 고유한 신체 피부색과 얼굴 특징을 분석한다. 신체 색상 중 가장 중요한 얼굴 바탕색을 먼저 측정하여 웜톤인지 쿨톤인지 확인한다. 그다음으로 손목 안쪽 피부색, 눈동자색, 머리카락색을 육안으로 분석하여 웜톤과 쿨톤을 찾아본다.

다음의 신체 색상 구성비를 참고해 보자. 예를 들어 얼굴 피부 바탕색이 가을이고 눈동자색이 여름이며 머리카락색이 봄이라면, 헤어 염색을 하여 전체적으로 가을 톤에 맞춘다.

- 얼굴 피부 바탕색의 비중: 40%
- 뒷머리 두피색과 손목 안쪽 피부색의 비중: 30%
- 눈동자색의 비중: 20%
- 머리카락색의 비중: 10%

2) 드레이핑 진단

퍼스널 컬러 진단을 실시하는 경우 가슴 부분에 다양한 컬러를 대 보면서 테스트하는데, 이를 드레이핑이라고 한다. 드레이핑은 자연광이 들어오는 오전 11시부터 4시 사이에 밝은 실내에서 실시하는 것이 좋다. 또는 컬러 진단 램프(95~100W)를 사용하여 컬러 진단 반사도를 줄여 피부 유형을 정확하게 구분하도록 한다.

화장을 하지 않은 상태에서 머리카락은 하나로 깔끔하게 묶은 후 흰색 티셔츠를 입고 진단 컬러를 턱에서 3~4cm 정도 내려서 대 보며 얼굴의 변화를 관찰한다. 이때 처음부터 '어울린다', '안 어울린다'는 표현 감정의 시점으로 보지 않도록 주의한다. 자신이 신경 쓰는 속성만 보는 습관이 생기면 객관적으로 평가하기가 어려워지므로 컬러가 갖는 속성을 순서대로 보는 연습을 한다.

☞ 컬러는 색상 → 명도 → 청탁 순으로 본다.

(1) 색상의 변화 확인하기

먼저 웜톤과 쿨톤을 찾아보자. 옐로 베이스와 블루 베이스에서 얼굴색의 변화와 윤곽의 변화를 확인한다.

옐로 베이스 반응	**노란빛으로 인해 얼굴색의 변화가 있는가?** 얼굴이 노란빛을 띠게 보이는가? 얼굴 혈색이 더 어두워진 인상을 받았는가?
	노란빛으로 인해 윤곽의 변화가 있는가? 얼굴 윤곽이 팽창되어 보이는가?
블루 베이스 반응	**파란빛으로 인해 얼굴색의 변화가 있는가?** 얼굴이 파란빛을 띠게 보이는가? 얼굴 혈색이 하얗게 된 인상을 받았는가?
	파란빛으로 인해 윤곽의 변화가 있는가? 얼굴 윤곽이 수축되어 보이는가?

(2) 명도의 변화 확인하기

가장 쉬운 방법은 PCCS 톤을 참고하여 저명도, 저~중명도, 중명도, 중~고명도, 고명도 중 어느 부분의 톤에서 가장 안색이 밝고 조화로운지 확인하는 것이다. 명도의 원인인 얼굴 밝기의 변화를 확인하자.

고명도 반응	밝은색을 가까이 대면 얼굴이 밝게 보이는가?
	얼굴 윤곽이 팽창되어 보이는가?
저명도 반응	어두운색을 가까이 대면 얼굴이 어둡게 보이는가?
	얼굴 윤곽이 수축되어 보이는가?

(3) 청탁의 변화 확인하기

청탁의 원인인 얼굴 피부의 질감 변화를 확인하자.

청색 반응	얼굴 윤곽선이 뚜렷하게 보이는가?
	피부에 광택감이 있는가?
탁색 반응	얼굴 윤곽선이 부드럽게 보이는가?
	피부에 매트감이 있는가?

O–Ring Test

같은 힘을 주고 오링을 만들어도 어떤 색은 오링이 쉽게 풀리고 또 어떤 색은 오링이 잘 풀리지 않는다. 오링 테스트는 자신에게 맞는 색은 몸에서 당기고 맞지 않는 색은 몸에서 밀어낸다는 원리를 이용한 테스트 방법이다. 이 테스트를 통해 자신이 좋아하는 컬러와 자신에게 어울리는 컬러가 일치하는지 확인해 보자.

① 한 손에 색종이를 들고, 다른 한 손은 엄지와 검지손가락을 이용하여 고리를 만든다.
② 다른 사람에게 그 고리를 풀어 보게 한다.
③ 색종이를 사계절 컬러로 바꿔 가면서 테스트한다.

퍼스널 컬러 Self Check

이름: ____________________

1. 자신에게 어울리는 색은 옐로 베이스/블루 베이스입니까?

노란빛을 띠는 색이 어울리면 피부의 혈색이 좋아 보이고, 파란빛을 띠는 색이 어울리면 피부가 하얗고 깨끗해 보인다.

7	6	5	4	3	2	1	1	2	3	4	5	6	7

강한 노란빛 ⬅➡ 강한 파란빛

2. 자신에게 어울리는 색은 밝은색/어두운색입니까?

밝은 톤~중간 톤이 어울리면 피부의 잡티가 약해 보이고 얼굴이 환해 보인다. 중간 톤~어두운 톤이 어울리면 얼굴이 작아 보인다.

7	6	5	4	3	2	1	1	2	3	4	5	6	7

매우 밝은색 ⬅➡ 매우 어두운색

3. 자신에게 어울리는 것은 투명감/탁한 감입니까?

투명감이 어울리면 얼굴 윤곽이 뚜렷하고 윤기가 있어 보이고 탁한 감이 어울리면 얼굴 윤곽이 부드럽고 건조해 보인다.

7	6	5	4	3	2	1	1	2	3	4	5	6	7

강한 투명감 ⬅➡ 강한 탁한 감

퍼스널 컬러 속성으로 보는 고유 감정과 표현 감정

속성	고유 감정 (객관적인 공통 인식)	표현 감정(주관적인 개인 인식)	
		어울린다고 인식	안 어울린다고 인식
색상			
옐로 베이스	• 얼굴이 노란색을 띤다. • 강해 보인다. • 얼굴이 팽창되어 보인다.	• 안색이 좋아 보인다. • 건강해 보인다. • 얼굴이 통통해 보인다.	• 안색이 누렇게 떠 보인다. • 촌스럽고 칙칙해 보인다. • 얼굴이 커 보인다.
블루 베이스	• 얼굴이 파란색을 띤다. • 혈색이 안 좋아 보인다. • 얼굴이 수축되어 보인다.	• 얼굴이 하얘 보인다 • 깨끗해 보인다 • 투명감이 있다.	• 안색이 창백해 보인다. • 홀쭉하고 야위어 보인다.
명도			
고명도	• 얼굴이 팽창되어 보인다. • 얼굴이 환해 보인다.	• 안색이 밝아 보인다. • 얼굴이 통통해 보인다.	• 얼굴이 평면적으로 보인다. • 얼굴이 커 보인다.
저명도	• 얼굴이 수축되어 보인다. • 얼굴이 어두워 보인다.	• 안색이 짙고 화려해 보인다. • 얼굴이 작아 보인다.	• 안색이 어두워 보인다. • 암울하게 보인다.
청탁			
청색	• 피부 질감에 광택이 보인다. • 윤곽선이 뚜렷해 보인다.	• 얼굴에 윤기가 나며 탱탱해 보인다. • 윤곽이 말끔해 보인다.	• 얼굴이 번들번들하고 딱딱해 보인다.
탁색	• 피부 질감이 매트해 보인다. • 윤곽선이 부드러워 보인다.	• 피부가 매끈해 보인다.	• 피부가 늘어져 보인다.

계절별 퍼스널 컬러 활용

봄	여름	가을	겨울
어울리는 색			
기본적으로 노란색이 감도는 선명한 원색과 **베이지, 핑크, 피치, 클리어 레드** 등 화사하고 선명하며 밝은색	기본적으로 흰빛이 많이 감도는 색으로 **파우더 핑크, 소프트 화이트, 블루 레드, 페일 라일락** 등 부드럽고 차가운 파스텔 계열의 색	기본적으로 황색이 감도는 **골드, 브라운, 오렌지, 베이지, 피치, 브론즈, 토마토 레드** 등 자연스럽고 차분한 계열의 색	기본적으로 푸른빛이 도는 차가운 색으로 **핑크, 마젠타, 버건디, 블랙, 화이트, 실버, 그레이** 등 강렬한 색
피해야 할 색			
희거나 푸른빛이 감도는 차갑고 탁한 색으로 **블랙, 화이트, 그레이, 실버, 버건디**	비비드하고 광택감이 있는 색, 선명한 원색이나 짙은 색, 골드 톤의 따뜻한 색	푸른 기가 감도는 차가운 색과 반사되듯 밝고 선명한 색으로 **실버, 블랙, 화이트, 그레이시 블루**	따뜻한 오렌지 계열이나 골드 계열, 흐릿한 파스텔 톤
파운데이션			
피부는 밝고 화사한 느낌으로 가벼운 리퀴드 타입 파운데이션으로 투명하게 표현 • 라이트 베이지 • 내추럴 베이지 • 옐로 베이지	피부는 두껍거나 밝게 하기보다 자연스럽게 리퀴드나 크림 타입으로 표현 • 화이트 베이지 • 내추럴 베이지 • 핑크 베이지	다른 계절에 비해 두께감 있게 표현하며 스틱이나 크림 타입의 파운데이션으로 피부 톤을 고르게 표현 • 내추럴 베이지 • 코랄 베이지 • 골든 베이지	피부는 지나치게 누드한 표현보다는 약간 두께감 있게 자연스럽게 표현 • 화이트 베이지 • 피치 베이지 • 핑크 베이지

봄	여름	가을	겨울
아이섀도			
• 아이보리 • 베이지 • 페일 피치 • 코랄 핑크 • 오렌지 • 브라운	• 소프트 바이올렛 • 라이트 라벤더 • 파스텔 톤 베이지 핑크	• 크림 베이지 • 라이트 피치 • 소프트 코랄 핑크 • 골드 브라운 • 레드 브라운	• 핑크 • 화이트 핑크 • 그레이시 블루 • 라이트 바이올렛 • 버건디
립스틱			
• 코랄 핑크 • 레드 오렌지 • 피치	• 누드 핑크 베이지 • 로즈 베이지 • 베이지 브라운 • 핑크	• 코랄 핑크 • 레드 오렌지 • 딥 레드	• 누드 베이지 • 버건디 • 레드
패션			
경쾌하고 화사한 이미지로 캐주얼(Casual), 귀여운(Pretty), 낭만적인(Romantic) 스타일	부드럽고 은은한 이미지로 내추럴(Natural), 단순한(Simplicity), 여성적인(Feminine) 스타일	포근하고 성숙하며 우아한 이미지로 내추럴(Natural), 고전적인(Classic), 우아한(Elegant) 스타일	강렬하고 화려하며 세련된 이미지로 댄디(Dandy), 세련된(Sophisticated), 활기찬(Dynamic), 활동적인(Active) 스타일

06

메이크업 이미지
Makeup Image

1_ 메이크업의 필요성
2_ 피부 메이크업
3_ 색조 메이크업
4_ 윤곽 메이크업
5_ 얼굴형에 따른 메이크업

Makeup Image

CoffeeAndMilk / E+ / Getty Images

01

메이크업의 필요성

메이크업(Make-up)은 사전적 의미로 '조립', '보완'의 뜻이 있다. 구체적으로 이 책에서는 화장품과 화장 도구를 활용하여 얼굴의 장점을 강조하고 단점을 보완하여 이상적인 얼굴의 형태로 보이도록 하는 미적 행위를 말한다. 메이크업을 함으로써 심리적으로 자신감을 갖고 결점을 보완하면서 실력을 발휘하여 삶의 활력을 증가시킬 수 있다.

매력적인 얼굴은 가로와 세로의 비율이 중요하므로 이를 활용하여 얼굴의 단점을 메이크업하고 피부색에 맞는 컬러를 활용하는 스킬이 중요하다(☞ 40쪽의 그림 참조).

- 가로 분할: 가로로 3등분했을 때 그 길이가 모두 같은 것이 이상적이다.
- 세로 분할: 세로로 5등분했을 때 그 폭이 모두 같은 것이 이상적이다.

입술색이 같더라도 피부색에 따라 이미지가 다르게 지각되며 눈썹 라인의 형태에 따라 인상이 바뀐다는 연구 결과가 있다. 따라서 다양한 메이크업을 시도해 보고 자신에게 가장 잘 어울리는 화장법을 찾아 당당하게 자신감을 가지고 삶의 활력을 높여 보자.

02

피부 메이크업

1) 메이크업 베이스

메이크업 베이스는 색조 화장품으로부터 피부를 보호하고 피부색을 보완하며 파운데이션의 밀착력을 좋게 하여 지속력을 높여 준다. 리퀴드 타입의 메이크업 베이스는 많이 사용하는 유형으로 가벼운 화장이나 지성 피부에 적합하고, 크림 타입은 피부의 커버력을 높이는 데 효과적이며 건성 피부에 적합하다.

(1) 피부색 보정을 위한 컬러 선택

그린 컬러 베이스	옐로 컬러 베이스	핑크 컬러 베이스

• 잡티가 많은 피부 • 여드름 자국이 심한 피부 • 붉은 기가 많은 피부	• 다소 어두운 피부	• 창백하고 혈색이 없는 피부 • 결이 매끈한 흰 피부

kaedeezign / iStock / Getty Images Plus

(2) 바르는 방법

① 적당량을 이마, 양볼, 코, 턱 부위에 고루 나누어 펴 바르고 두드려 준다.

② 코를 중심으로 안쪽에서 바깥쪽으로 펴 바른다.

③ 메이크업 베이스를 많이 바르면 파운데이션이 들뜨거나 밀릴 수 있으므로 적당량을 바르도록 주의한다.

2) 파운데이션

파운데이션은 피부 결점을 커버하며 피부색을 조절하여 색조 화장을 돋보이게 한다. 또한 얼굴의 윤곽을 수정하여 입체감을 연출한다.

(1) 파운데이션 종류

리퀴드 파운데이션		• 발림성이 좋고 자연스러운 피부 표현에 적합하다. • 초보자가 사용하기 용이하다. • 커버력이 약한 편으로 피부 결점이 없는 피부에 적합하다.
크림 파운데이션		• 커버력이 있어 두껍게 표현되어 무거운 느낌을 준다. • 건성 피부, 거친 피부에 적합하다.
스틱 파운데이션		• 커버력이 강하며 지속력이 우수하다. • 무대 등 전문가용으로 사용된다.

Fototocam / iStock / Getty Images Plus

Frankhuang / iStock / Getty Images Plus

Discovod / iStock / Getty Images Plus

(2) 바르는 방법

① 화장 목적에 맞는 제형을 선택한 후 적당량을 취해 이마, 양볼, 코, 턱 부위에 덜어 얼굴의 안쪽에서 바깥으로, 위에서 아래로 발라 준다.

② 피부결 방향으로 힘을 빼고 피부를 부드럽게 감싸는 느낌으로 바른다.

③ 스펀지를 이용하여 두드려 발라 주면 밀착력을 높일 수 있다.

④ 스펀지에 미스트나 스킨을 뿌려 사용하면 파운데이션을 가볍고 투명하게 표현할 수 있다.

⑤ 얼굴형에 따라 2~3가지 컬러의 파운데이션으로 윤곽을 수정하며 입체감 있는 얼굴을 표현한다.

(3) 파운데이션 컬러

베이스 컬러	• 얼굴 전체에 바르는 기본이 되는 컬러이다. • 피부와 유사한 톤으로 선택한다. • 목 부위와 자연스럽게 연결되는 컬러를 선택한다.
섀딩 컬러	• 수축되는 느낌의 피부 톤보다 1~2톤 어두운 톤을 선택한다. • 턱, 이마 등 커버하고자 하는 부위에 사용한다.
하이라이트 컬러	• 확대되는 느낌의 피부 톤보다 1~2톤 밝은 톤을 선택한다. • 입가 팔자주름 등 꺼진 부위나 돌출되어 보이고자 하는 부위에 사용한다.

(4) 피부 메이크업 브러시

파우더 브러시		• 파우더류 제품을 이용하여 피부결 방향으로 안쪽에서 바깥쪽으로 가볍게 쓸어 준다. • 피부의 자연스러운 보송함을 연출할 때 사용한다.
팬 브러시		• 부채꼴 모양의 브러시이다. • 파우더와 아이섀도를 하고 난 후 잔여물이나 떨어진 가루를 떨어낼 때 사용한다.
컨실러 브러시		• 매트한 컨실러 제품에 사용되는 가늘고 긴 브러시이다. • 파운데이션으로 완벽히 커버되지 않는 점, 기미 부분을 가리기 위해 사용한다.
블러셔(치크) 브러시		• 혈색을 부여하고 얼굴형을 수정할 때 사용한다. • 경계 없이 부드러운 블러셔를 연출한다.
파운데이션 브러시		• 파운데이션을 얼굴에 전체적으로 도포할 때 사용한다. • 붓 자국이 생기지 않도록 코를 중심으로 안쪽에서 바깥쪽으로 여러 번 붓질한다.

Prostock-Studio / iStock / Getty Images Plus

브러시 세척법 및 주의사항

- 먼저 클리너, 클렌징 크림, 세제 등으로 씻는다.
- 그 후 미온수로 세척한 후 그늘에서 말린다.
- 건조 시 브러시를 눕히거나 붓털이 아래쪽으로 향하도록 한다.
- 붓끝이 갈라지지 않도록 주의한다.

3) 파우더

파우더는 피부 메이크업의 마무리 단계로 파운데이션을 밀착시켜 지속력을 높여준다. 유분기를 제거하여 번들거리는 피부를 보송하게 표현하고 색조 화장을 더욱 돋보이게 한다.

(1) 퍼프(Puff)를 이용하는 방법

- 피부에 메이크업의 고정력을 높이기 위해 사용한다.
- 퍼프에 파우더를 묻혀 비벼 주면서 파우더 양을 조절한다.
- 하이라이트 부분인 T존부터 시작하여 얼굴 중심에서 바깥쪽으로 누르듯 발라준다.
- 유분기를 제거한다.
- 남은 여분은 팬 브러시로 떨어낸다.

Jiyi / iStock / Getty Images Plus

FlyMint Agency / iStock / Getty Images Plus

(2) 브러시(Brush)를 이용하는 방법

- 소량으로 자연스럽게 연출하고자 할 때 사용한다.
- 브러시로 소량을 묻혀 얼굴 중심에서 결을 따라 바른다.
- 남은 여분은 팬 브러시로 떨어낸다.

03

색조 메이크업

1) 아이브로 메이크업

아이브로는 얼굴형이나 눈매를 보완하여 형태, 색상, 길이, 굵기 등을 조절할 수 있다. 아이브로를 어떻게 표현하느냐에 따라 얼굴의 인상과 전체 이미지가 달라지기 때문에 자신에게 어울리면서 연출하고자 하는 이미지에 맞는 눈썹 모양을 선택하여 메이크업 연습을 하는 것이 좋다.

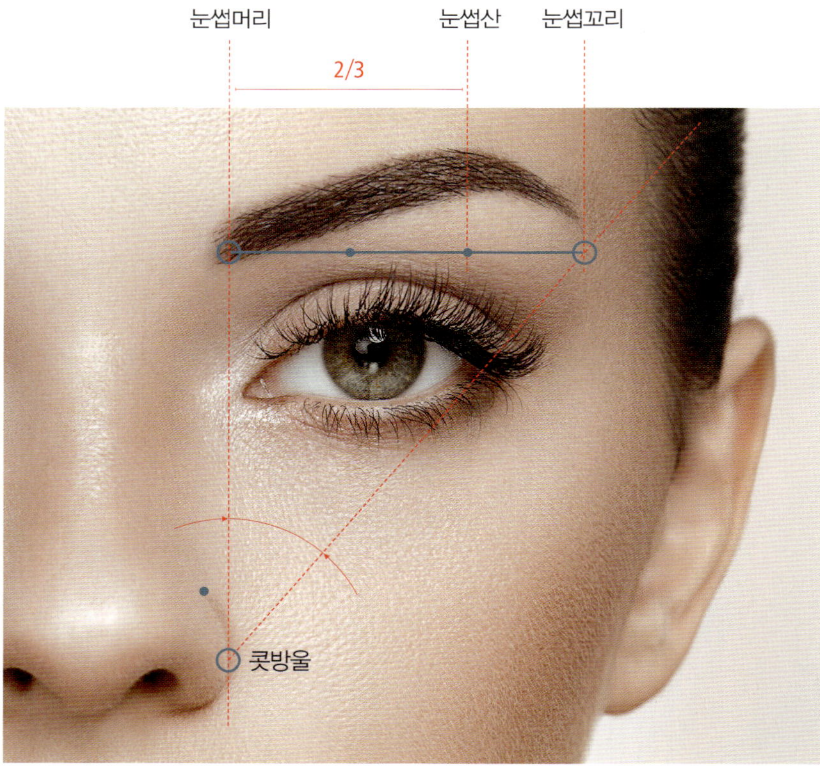

(1) 기본형 아이브로 그리는 방법

- 아이브로 길이를 눈 길이보다 더 짧지 않게 그려 준다.
- 콧방울과 눈꼬리를 45도 각도로 연결하여 만나는 지점에 눈썹꼬리를 그려 준다.
  ☞ 이 길이보다 더 길면 나이 들어 보이고 더 짧으면 젊어 보인다.
- 눈썹의 시작점은 콧방울 부분에서부터 이마를 향해 일직선이 되도록 한다.
- 눈썹산의 위치는 눈썹의 3/2지점으로 하는 것이 안정적이다.

(2) 아이브로 도구 활용법

펜슬	• 한올 한올 빈 곳을 메꾸듯 그린다. • 눈썹이 없는 곳을 채울 때 효과적이어서 눈썹이 짧거나 숱이 많지 않은 사람에게 적합하다. • 또렷하고 정교한 라인을 표현할 때 사용한다.
섀도	• 섀도를 이용하여 아이브로용 브러시로 눈썹산부터 눈썹꼬리까지 그린 후 눈썹머리와 연결하여 그러데이션을 주듯 그린다. • 부드럽고 자연스러운 아이브로 표현에 효과적이다.
마스카라	• 눈썹 방향으로 한올 한올씩 눈썹 결을 따라 그린다. • 헤어 컬러와 유사한 색을 사용한다. • 숱이 매우 많거나 색이 진한 눈썹에도 인위적이지 않은 입체감을 만든다. • 아이브로 메이크업 마무리 단계에서 아이브로 메이크업을 고정하거나 눈썹 색을 수정할 때 활용할 수 있다.

(3) 아이브로 형태에 따른 이미지

기본형		무난하고 깨끗한 이미지로 모든 얼굴형에 잘 어울린다.
일자형(직선형)		미소년의 젊은 느낌으로 장방형 얼굴에 어울린다.
상승형(화살형)		개성적이며 경쾌한 느낌으로 둥근형이나 삼각형 얼굴에 어울린다.
각진 형		지적이며 세련된 이미지로 둥근형 얼굴에 잘 어울린다.
아치형		여성적이며 성숙한 이미지로 각진 얼굴에 어울린다.

(4) 아이브로 컬러에 따른 이미지

회색	검은색	갈색

• 차분하고 침착한 이미지 • 성숙한 이미지를 원한다면 회색 아이브로를 추천한다.	• 깨끗한 이미지 • 피부가 희며 모발색이 검은 사람에게 잘 어울린다.	• 우아하고 세련되며 부드러운 이미지 • 자연스러워 누구에게나 무난하게 잘 어울린다.

(5) 아이브로 굵기와 길이에 따른 이미지

굵기	• 굵은 눈썹: 건강하고 활동적인 이미지, 젊은 느낌 • 가는 눈썹: 부드럽고 섬세한 이미지, 성숙한 느낌
길이	• 짧은 눈썹: 발랄하고 귀여운 이미지, 젊은 느낌 • 긴 눈썹: 점잖고 고상한 이미지, 성숙한 느낌

2) 아이 메이크업

아이 메이크업은 눈에 음영을 주어 눈매를 보완하고 또렷하게 수정하여 입체감 있는 눈매를 표현하는 화장법이다. 눈에 자극이 없고 색상의 변화가 없는 제품을 선택하도록 한다.

이상적인 눈썹 그리는 방법

이상적인 눈은 눈과 콧방울의 넓이가 같아야 한다.

- 콧방울에서 눈썹꼬리를 일직선으로 연결할 때 눈꼬리를 지나야 한다.
- 눈썹 앞머리는 콧방울에서 수직으로 올렸을 때 눈썹과 만나는 지점이 좋다.

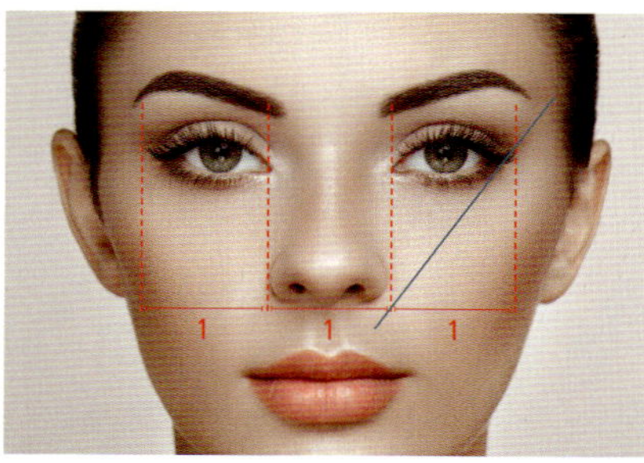

아이브로 그리기

기본형

기본적인 눈썹으로 어떤 얼굴형에든 잘 어울린다.

아치형

여성스러운 인상을 주며 각진 형 또는 이미가 넓은 얼굴형에 어울린다.

일자형(직선형)

순하고 귀여운 이미지를 주며 긴 얼굴형에 잘 어울린다.

상승형(화살형)

강렬한 느낌을 주며 둥글거나 밋밋한 얼굴에 좋다.

각진 형

지적인 느낌을 주며 둥근형이나 길이가 짧은 얼굴형에 어울린다.

(1) 아이섀도 컬러 명칭

메인 컬러	• 베이스가 되는 컬러로 눈 화장의 전체적인 분위기를 주도한다.
포인트 컬러	• 눈꼬리 쪽에 선명하고 진한 색상을 발라 입체적인 눈매를 표현한다.
하이라이트 컬러	• 눈썹뼈 부위와 눈두덩이 중앙에 사용하여 화사함과 볼륨감을 표현한다. • 베이스 컬러보다 더 밝은 컬러나 굵은 입자의 펄을 사용한다.
언더섀도 컬러	• 좁고 연하게 사용하여 깊은 눈매를 표현한다. • 포인트 컬러와 비슷한 톤이나 그보다 톤다운된 컬러를 사용한다.

(2) 아이섀도 도구 활용법

펜슬 타입	• 사용이 편리하고 휴대하기 용이하다. • 쉽게 뭉치거나 경계가 생기기 쉽다.
크림 타입	• 도구를 사용하지 않고 손으로만 사용 가능하다. • 쉽게 발리고 발색이 좋으면서 밀착력이 뛰어나다. • 유분이 많아서 잘 번지고 지속력이 떨어진다.
파우더 타입	• 주로 펄 입자의 제품이 많으며 하이라이트 표현에 적합하다. • 가루 날림으로 다른 부위에 착상될 우려가 있다.
케이크 타입	• 가장 많이 사용하는 타입으로 초보자도 사용하기 편하다. • 자연스러운 색감 표현으로 그러데이션 효과가 가능하다.

Camelia Ciocirlan / 500px / Getty Images

(3) 아이라이너 도구 활용법

펜슬 타입	• 사용이 간편하고 수정하기가 쉽다. • 섬세한 라인 표현이 어렵고 지속력이 떨어진다.
리퀴드 타입	• 섬세하고 오랫동안 유지된다. • 수정하기가 어렵다.
케이크 타입	• 물이나 스킨을 섞어서 사용하는 제품으로 펜슬 타입보다 지속력이 더 뛰어나고 리퀴드 타입보다는 지속력이 더 떨어진다. • 휴대하기 불편하다.
젤 타입	• 섬세하고 부드럽게 그려지며 수정도 용이하다. • 휘발성이 강해 공기 중에 오랫동안 노출되면 쉽게 굳는다.

(4) 눈 형태에 따른 아이 메이크업

미간이 좁은 눈

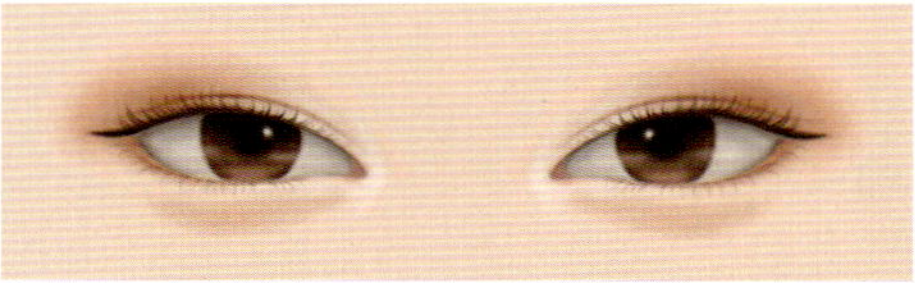

- 눈의 뒤쪽에 포인트를 주어 바깥 방향으로 시선을 분산시킨다.
- 눈앞머리 쪽은 밝은 컬러를 사용하고 눈꼬리 쪽은 아이라이너로 또렷하게 그린다.

미간이 넓은 눈

- 미간 안쪽으로 노즈섀딩을 하여 미간 간격이 좁아 보이게 표현한다.
- 눈앞머리 쪽은 진한 컬러의 아이섀도로 완전히 감싸도록 연장한다.

길이가 짧고 작은 눈

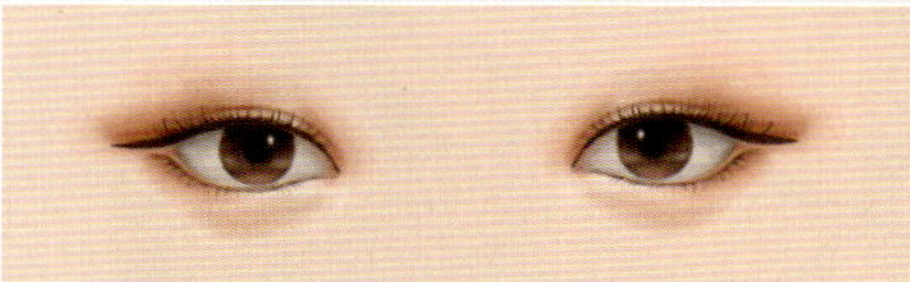

- 아이라인은 수평으로 눈이 길어 보이게 연장하여 그린다.
- 포인트 컬러의 아이섀도로 눈 뒤쪽까지 길게 그리고 위와 아래 라인이 만나지 않게 그린다.

돌출되고 큰 눈

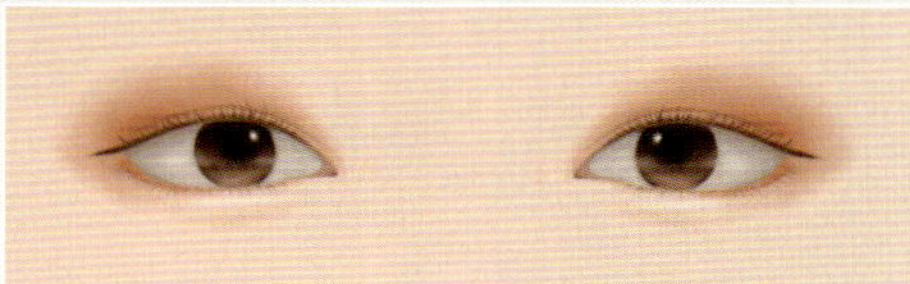

- 아이라이너는 굵지 않게 가로로 길게 그린다.
- 펄감이 있는 밝은 컬러는 피한다.

눈꼬리가 올라간 눈

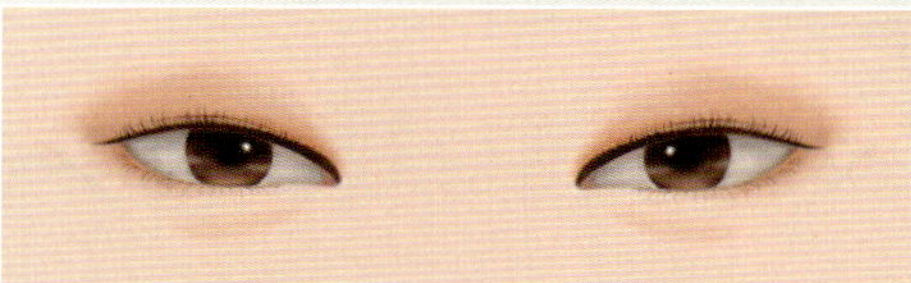

- 눈앞머리 쪽은 아이라이너로 조금 굵게 그리고 눈꼬리 쪽은 얇게 그린다.
- 눈앞머리가 눈꼬리와 수평이 되거나 약간 높도록 포인트 컬러를 바르고, 언더섀도를 하향형으로 넓게 펴 바른다.

눈꼬리가 처진 눈

- 포인트 컬러로 눈꼬리 부분을 오리듯이 높게 바른다.
- 눈의 2/3지점부터 눈꼬리 쪽으로 라인을 살짝 올리면서 눈앞머리보다 더 굵게 그린다.

눈두덩이가 부은 눈

- 차분하고 톤다운된 컬러의 아이섀도로 눈두덩이가 꺼져 보이게 표현한다.
- 펄이 있는 밝은 컬러는 피한다.

눈두덩이가 꺼진 눈

- 펄이 있는 밝은 컬러로 눈두덩이 중앙에 하이라이트를 준다.
- 어두운 컬러의 아이섀도는 피한다.

3) 립 메이크업

립 메이크업으로 입술 모양을 수정하고 보완하여 입술 형태에 따른 이미지를 연출하고 입술색을 본연의 피부색과 조화롭게 표현하거나 개성 있게 표현할 수 있다.

(1) 입술 형태에 따른 이미지

- 스트레이트(Straight)형 직선 형태: 세련되고 지적이며 샤프한 이미지로 유니폼 착용 시 적합하다.
- 인커브(In Curve)형 안쪽 형태: 귀엽고 발랄한 이미지로 입술 라인보다 1~2mm 안으로 그린다.
- 아웃커브(Out Curve)형 바깥 형태: 성숙하며 섹시한 이미지로 입술 라인보다 1~2mm 바깥쪽으로 그린다.

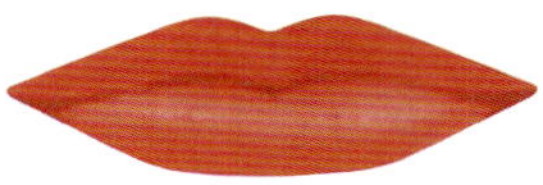

스트레이트형 입술

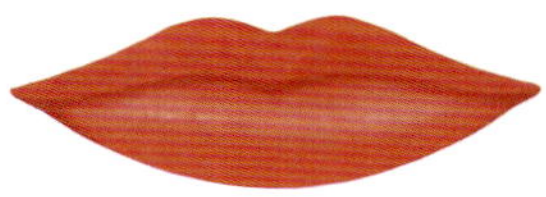

인커브형 입술

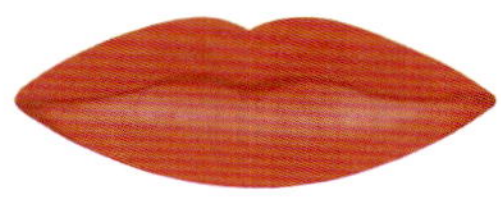

아웃커브형 입술

(2) 입술 형태에 따른 수정 기법

① 파운데이션으로 입술색을 최대한 커버한 후 파우더로 유분기를 제거한다.

② 좌우대칭이 되도록 입술산을 그린 후 구각 쪽으로 잇는다. 이상적인 윗입술과 아랫입술 비율은 1:1.5이다.

③ 아랫입술 중앙부터 모양을 잡은 후 구각 쪽으로 잇는다. 입술 라인을 수정할 때는 위아래로 1~2mm 이내로만 한다.

④ 입술을 벌려 아래위 구각을 연결한다.

⑤ 미용 티슈로 유분기를 제거하고 립스틱을 덧바르면 지속력을 높일 수 있다.

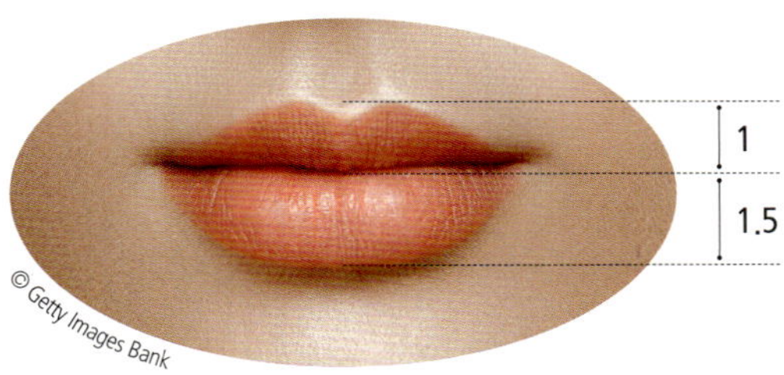

(3) 입술 형태에 따른 립 메이크업

주름이 많은 입술	• 파우더로 입술의 유분기를 충분히 제거하여 주름 사이로 립스틱이 번지는 것을 방지한 후 립라이너를 사용하여 선명하게 입술 라인을 그린다. • 연한 컬러와 매트한 립스틱이 좋다.
두껍고 큰 입술	• 파운데이션, 컨실러 등으로 입술색을 커버하고 입술 라인을 교정한 후 짙은 컬러의 립스틱으로 입술 라인보다 1~2mm 이내 안으로 그린다. • 입술 전체에 밝거나 펄감이 있는 립스틱은 피한다.
얇은 입술	• 밝은 컬러의 립스틱을 사용하여 입술 라인보다 1~2mm 이내 바깥으로 그린다. • 펄이 있는 립스틱을 사용하는 것이 좋다.
처진 입술	• 입술 구각을 살짝 위로 올려 그린다. • 펄이 들어간 밝은 컬러의 립스틱이 좋다.

(4) 립 컬러 선택 시 유의사항

- 자신의 피부 톤에 맞춰 선택한다.
- 치아색을 고려하여 선택한다.
  ☞ 치아가 황색일 경우 붉은색은 피한다.
- 연령에 따라 선택한다.
  ☞ 연령이 높을수록 진한 컬러를 추천한다.
- 착용한 의상의 색상을 고려하여 선택한다.

lentus25 / iStock / Getty Images Plus

04

윤곽 메이크업

1) 치크

치크는 얼굴형의 수정 효과와 얼굴에 혈색을 표현하여 건강미를 연출할 수 있다.

(1) 치크 종류

구분	내용
크림 타입	• 손이나 스펀지를 이용한다. • 발색력와 지속력이 뛰어나다.
케이크 타입	• 파우더를 압축한 형태로 브러시를 이용한다. • 자연스러운 색감 연출이 가능하여 그러데이션 표현이 가능하다.
파우더 타입	• 자연스럽게 표현한다. • 뭉치지 않도록 양을 조절하여 사용한다.

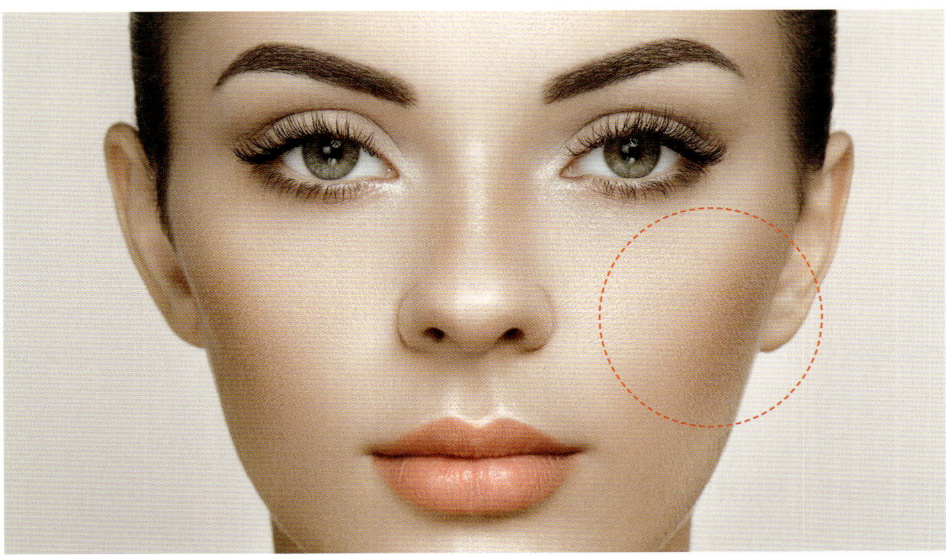

(2) 기본 치크 위치

눈동자보다 바깥으로, 코보다 아래쪽으로 떨어지지 않도록 연출한다.

(3) 이미지에 따른 치크

귀여운 이미지	볼 중앙에 가까이 갈수록, 치크 모양이 둥글수록 귀여운 느낌을 준다.
성숙한 이미지	관자놀이에서 구각 쪽으로 사선으로 표현한다.
지적인 이미지	광대뼈 위쪽으로 하이라이트를 주듯 밝게, 아래쪽은 섀딩을 주는 느낌으로 어둡게 표현한다.

(4) 볼 형태에 따른 수정 기법

평면적인 볼	• 얼굴 바깥 윤곽부터 볼 중앙으로 무펄의 차분한 컬러로 그러데이션하여 입체감을 표현한다. • 볼 중앙에 밝은 펄감이 있는 치크를 사용한다.
광대뼈가 튀어나온 볼	• 어두운 계열의 컬러를 사용하여 광대뼈를 감싸면서 자연스럽게 그러데이션을 연출한다.
앞으로 돌출된 볼	• 돌출된 볼을 무펄의 차분한 계열 컬러를 사용하여 후퇴 느낌을 연출한다.
살이 없는 볼	• 펄이 있는 밝고 화사한 컬러를 사용하여 팽창 느낌을 연출한다.

2) 윤곽 수정 메이크업

헤어라인: 이마와 머리카락의 경계 부위

귀 옆머리까지 스펀지에 남아 있는 파운데이션을 고르게 펴 바른다. 헤어라인에 가까워질수록 소량의 파운데이션을 사용한다.

T존: 이마와 콧대를 연결하는 부위

하이라이트를 주는 부위로 피지 분비량이 많아 파운데이션을 소량 두드리며 바른다.

Y존: 눈밑에서 광대뼈 위까지 Y자형 부위

하이라이트를 주는 부위로 피부가 얇고 움직임이 많아 파운데이션을 소량 바른다.

V존: 볼에서 턱선으로 이어지는 부위

얼굴에서 가장 넓은 부위로 T존에 비해 비교적 쉽게 건조해지므로 파운데이션을 소량 사용한다.

O존: 눈과 입술 주변 부위

피부가 얇으면서 움직임이 많아 파운데이션을 얇게 펴 두드리면서 바른다.

S존: 귀밑에서 턱까지 이어지는 S자형 부위

얼굴형에 따라 섀딩이나 하이라이트를 주어 윤곽을 수정한다.

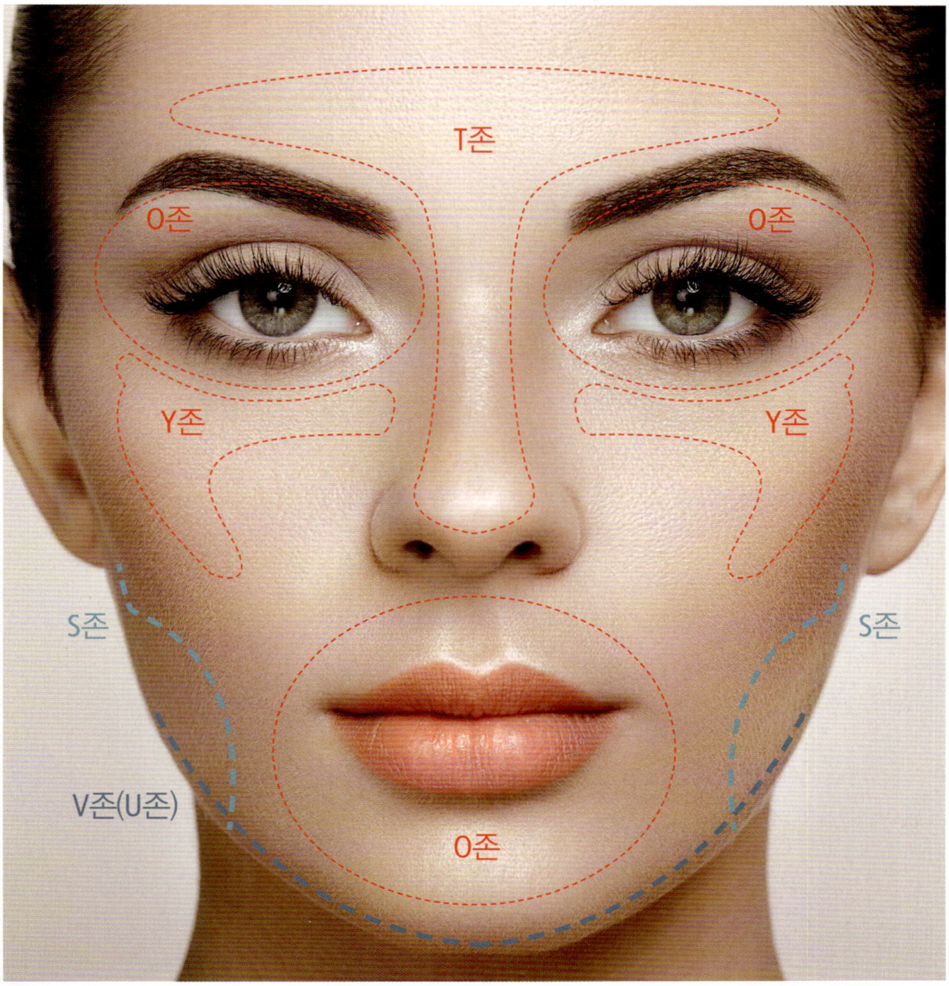

05

얼굴형에 따른 메이크업

1) 둥근 얼굴형

윤곽 수정	• 하이라이트: T존 부위에 밝은 컬러로 코끝까지 길게 하이라이트를 준다. • 섀딩: 콧볼이 날렵해 보이도록, 얼굴 윤곽이 갸름해 보이도록 섀딩한다.
아이브로	• 각진 아이브로 또는 상승형 아이브로가 어울린다. • 선보다는 면으로 표현하여 도톰하게 그린다.
아이섀도	• 둥근 느낌이 들지 않도록 눈꼬리에 포인트를 주어 상승형으로 연출한다.
아이라이너	• 수평 느낌으로 라인을 그린다.
립	• 스트레이트형으로 입술산을 또렷하게 그린다.
치크	• 광대뼈에서 입꼬리를 향해 사선으로 표현한다.

2) 긴 얼굴형

윤곽 수정	• 하이라이트: 이마와 눈밑에 가로 느낌으로 밝게 연출한다. • 섀딩: 헤어라인, 코끝, 턱끝
아이브로	• 눈썹 길이는 길게 빼지 않는다. • 얼굴이 짧아 보이게 일자형으로 그린다.
아이섀도	• 수평으로 아이섀도를 그린다.
아이라이너	• 수평으로 눈꼬리를 길게 그려 준다(상승형은 아니다).
립	• 옆으로 길게 라인을 그리며 볼륨감을 준다.
치크	• 수평 느낌으로 가로로 표현한다.

3) 사각 얼굴형

윤곽 수정	• 하이라이트: T존이 볼록한 느낌이 나도록 표현한다. • 섀딩: 이마 양 끝부분과 각진 턱 부위를 섀딩한다.
아이브로	• 곡선 느낌의 부드러운 아치형으로 그린다.
아이섀도	• 아이홀 방향으로 둥글고 부드러운 느낌으로 그러데이션을 준다.
아이라이너	• 눈 중앙부위를 도톰하게 그리고 둥글며 부드러운 눈매로 그린다.
립	• 입술 라인이 얇아 보이지 않게 입술 길이와 폭을 늘려 그린다.
치크	• 광대뼈 아랫부분에 둥근 느낌이 들도록 부드럽게 그린다.

4) 삼각 얼굴형

윤곽 수정	• 이마와 코에 하이라이트를 주어 볼륨감 있게 표현한다. • 양턱과 볼을 어둡게 섀딩한다.
아이브로	• 상승형이나 각진 형으로 그린다.
아이섀도	• 눈 위쪽에 사선으로 포인트 컬러를 사용하여 그린다. • 눈 아래에 하이라이트를 준다.
아이라이너	• 약간 위쪽으로 상승형 라인으로 그린다.
립	• 두껍지 않게 둥근 느낌으로 그린다.
치크	• 너무 강하지 않게 턱끝을 향해 그린다.

5) 역삼각 얼굴형

윤곽 수정	• 하이라이트: 콧등, 눈밑, 양볼 • 섀딩: 헤어라인, 턱끝
아이브로	• 아치형으로 그려 부드러운 느낌이 나도록 그린다.
아이섀도	• 밝은 컬러를 사용하여 눈매를 둥글고 부드럽게 표현한다.
아이라이너	• 약간 상승형으로 그린다.
립	• 볼륨감 있게 표현한다.
치크	• 광대뼈 윗부분에서 코끝을 향해 갸름한 느낌으로 부드럽게 그린다.

실습

나만의 메이크업 연출

✈ 내 피부색에 맞는 피부 메이크업

✈ 내 피부를 보정하는 색조 메이크업

✈ 내 얼굴형을 보정하는 윤곽 메이크업

✈ 내 얼굴형에 맞는 메이크업

07

피부 이미지
Skin Image

Skin Image

CoffeeAndMilk / E+ / Getty Images

01

피부 이미지의 정의

미국 라이스 대학 심리학과 연구팀의 연구 결과에 따르면, 면접관들은 얼굴에 흉터나 점, 주근깨 등이 있는 지원자보다 피부가 깨끗한 지원자의 정보를 더 많이 기억했다. 이 연구를 통해 피부 상태가 면접의 당락에 영향을 준다는 사실이 입증되었다.

보이는 이미지, 그중에서도 피부 표현이 큰 비중을 차지하므로, 깨끗한 피부에서 깔끔한 성격과 일 처리 능력 또한 엿보이도록 면접 시 피부 컨디션을 최상으로 만들기 위한 노력이 필요하다.

Larysa Vdovychenko / Moment / Getty Images

02

피부 관리의 기초 제품

1) 기초 제품의 종류

토너

세안 후 잔여물을 닦아 내고 피부결을 정돈하는 기초 케어의 첫 단계이다.

에센스/세럼

미백, 주름 개선, 탄력 등 기능성 성분을 농축하여 여러 가지 피부 고민을 가장 빠르게 해결할 수 있다.

에멀전

피부의 유수분 밸런스를 조절하고 수분이 많은 토너와 유분이 많은 크림 사이에 사용하여 제품의 흡수를 돕는다.

크림

기초 케어 마지막 단계에서 피부 속 수분이나 기초 제품들이 날아가지 않도록 코팅해 주는 역할을 한다. 수분만 공급하는 수분 크림, 유수분을 함께 공급하는 보습 크림이 있으므로 피부 타입에 맞게 선택한다.

2) 기초 제품의 사용 순서

대부분 토너, 에센스, 에멀전, 크림 순으로 기초 화장을 한다. 입자가 큰 제품부터 사용하면 입자가 작은 제품은 피부 속으로 흡수되지 못하고 피부 밖에 겉돌게 되므로, 입자가 작은 제품부터 사용하는 것이 좋다. 또 유분보다 수분을 먼저 흡수시키도록 한다. 같은 브랜드의 한 가지 제품군일 경우 사용 설명서에 적힌 순서대로 사용하면 되지만, 그렇지 않을 경우 제형이 묽은 순으로 바르는 것이 효과적이다.

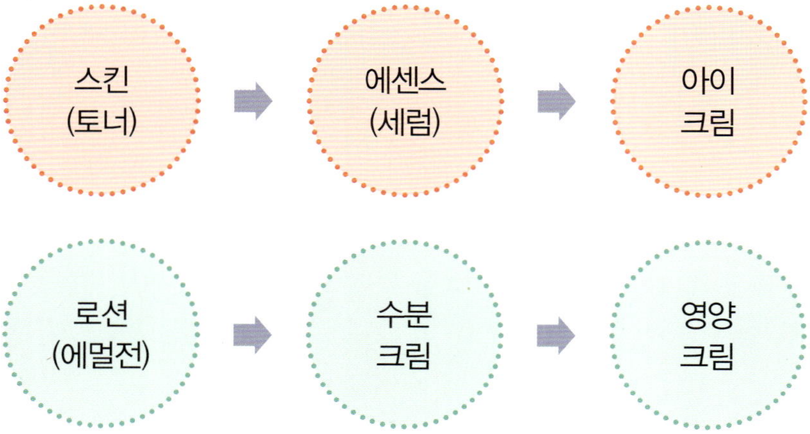

03

피부 염증의 원인과 종류

1) 피부 염증의 원인

피부는 몸의 제일 바깥 조직으로 외부 병원균의 침입을 막고 몸을 보호하는 중요한 조직이다. 피부가 염증으로 인해 제대로 기능하지 못하면, 우리 몸 전체에 부정적 영향을 끼칠 수 있다. 따라서 원인을 파악하고 적절한 치료를 받는 것이 무엇보다 중요하다.

외부 유해물질

황사나 미세먼지 같은 대기 중 오염물질이나 휴대폰 등을 통해 접촉한 세균 등의 유해 성분이 유해 활성산소를 만들어 피부 염증을 유발한다. 외부 유해물질로 인한 피부 염증을 예방하려면 꼼꼼한 클렌징이 가장 중요하다. 피부 노폐물을 제거하기 위해서는 이중 세안을 통해 잔여물이 남지 않도록 씻어 내고 2주에 한 번 정도 진동 클렌저나 세안 브러시를 사용하여 딥 클렌징을 한다.

과도한 피지 분비와 피부 각질

사춘기 이후 안드로겐 호르몬의 과잉으로 피지 분비가 증가하고 피부의 재생(Turnover) 주기가 불규칙해지면서 피지가 정상적으로 배출되지 못해 피부 염증으로 발전한다. 여드름 유발 음식 섭취를 자제하고 충분한 수분을 보충하여 각질이 자연스럽게 탈락할 수 있는 피부 상태를 만든다.

호르몬 변화

생리 시작 일주일 전부터 생리 시작 일까지는 프로게스테론 분비가 많아지게 되며 피부 컨디션이 가장 좋지 않은 시기이다. 생리 기간에 발생하는 피부 트러블은 같

은 자리에 반복해서 생기는 경우가 많으므로 흉터가 생기지 않도록 조심한다. 배란기에 모공 딥 클렌징과 각질 관리를 꼼꼼히 해 두면 생리 기간 여드름을 줄일 수 있다.

스트레스

스트레스나 수면 부족의 경우에도 피부 트러블이 발생할 수 있는데 이는 스트레스 호르몬이 피지선을 자극하기 때문이다. 스트레스로 인한 피부 트러블을 줄이기 위해서는 평소 생활 습관을 건강하게 바꾸는 것이 중요하다. 밤 10시부터 11시 사이에는 잠자리에 들도록 하고 건강한 식단을 통해 신체적 스트레스를 줄인다.

신체 건강 문제

신체 부위별 건강 기능상의 문제도 피부 트러블로 이어질 수 있다. 같은 자리에 트러블이 지속적으로 나타난다면 건강 상태를 점검해야 한다.

피부 체질에 맞지 않는 성분

개인마다 체질에 맞지 않는 음식이 있듯, 피부 체질에 맞는 성분도 각기 다르다. 피부 체질에 맞지 않는 성분을 함유한 제품을 사용하면 급격한 피부 트러블이 발생하고 진정되기까지 시간이 걸리므로 제품의 전 성분을 살펴보고 제품을 선택하는 것이 좋다.

내 체질과 제품의 적합성 알아보기

사용 후 피부가 개선된 제품	사용 후 피부 트러블이 발생한 제품
공통 성분	공통 성분

☞ 화장품 성분 분석 어플인 '화해'를 통해 제품의 전 성분을 분석할 수 있다.

2) 피부 염증의 종류

접촉성 피부염

특정 물질을 접촉하여 발생하는 피부 염증이다. 예를 들어 옻, 복숭아, 땅콩 등 알레르기 반응을 일으키는 성분과 접촉할 경우 발생한다.

내인성 습진

신체 내부의 원인으로 발생하는 피부 습진이다. 가장 흔한 질환으로 아토피 피부염을 들 수 있다. 아토피 피부염이 발생하는 기전은 명확히 밝혀지지 않았으나 유전적, 환경적 요인이 많고 면역계 결핍과도 관련되어 있다. 그 외 건조한 피부, 예민한 피부 가려움증, 세균 · 곰팡이 · 바이러스 등에 의한 감염, 정서적 요인 등이 서로 복합적으로 작용하여 발생한다.

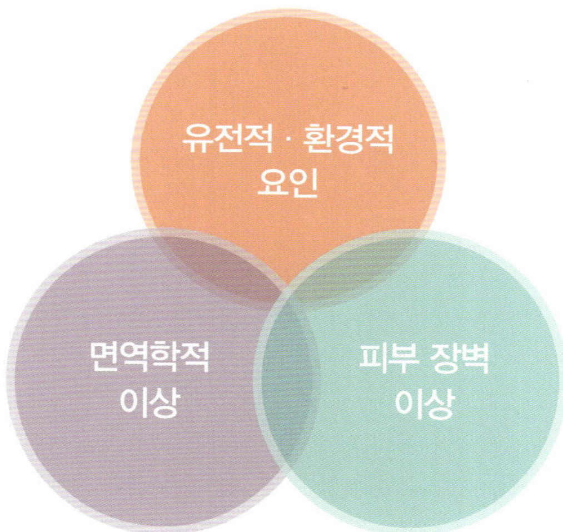

아토피 피부염의 원인

지루성 피부염

원인은 확실하지 않으나 피지의 과다 분비와 호지성 진균인 말라세지아(Malassezia), 표피의 과다 증식, 세포성 면역 이상, 신경계 장애, 피부 장벽 기능 이상 등이 거론되고 있다. 두피 얼굴 및 상부 체간 등 피지 분비가 많은 신체부위에 국한하여 홍반과 인설을 특징으로 하는 만성 염증성 질환이다. 비듬은 두피의 과다한 인설을 특징으로 하는 비염증성 상태로 지루성 피부염에 속한다.

피부 건조증/피지 결핍성 습진

정상 피부는 수분을 함유하여 부드럽고 유연한 질감을 유지한다. 피부의 바깥층은 수분 손실을 막기 위해 유분을 함유하므로 더 깊은 피부층의 수분 증발을 늦추고 수분을 머금는다. 그런데 이러한 유분이 감소하면 피부가 건조해진다. 유전 질환에 해당하거나 그 외 질환에 의해 유발된 것이 아니라 건성 피부로 인해 생긴 경우 피부 건조증이라고 한다.

한편 피지의 양이 줄어 피부 장벽 기능이 손상되면 피부가 자극에 민감해져 가려움을 느끼고 긁게 되어 습진이 생긴다. 이를 피지 결핍성 습진이라고 한다.

태선

피부색이 회색을 띠며 강한 가려움을 동반하는 신경성 피부염이다. 태선은 흉부 윗부분, 팔, 목, 다리, 생식기 부위와 같이 손이 쉽게 닿는 부위에 생긴다. 긁는 행위는 더 많은 가려움을 유발하여 가려움증-긁기-가려움증의 악순환이 반복되면서 피부가 두꺼워지고 가죽 같아지는 만성 태성으로 발전하기 쉽다. 불안 장애와 정서적 스트레스가 있는 사람에게 빈번히 발생하며, 아토피 피부염, 건초열, 천식 등 가렴움증이 있는 경우, 태선에 특히 취약하다.

심상성 습진

아토피 피부염, 접촉성 습진, 지루성 습진을 제외한 습진을 통틀어 심상성 습진이라고 한다. 증상의 특징에 따라 주부습진, 손습진, 화폐상습진, 자가감작(성)피부염, 스테이시스 피부염으로 나누기도 한다.

04

피부 염증의 예방과 치료

일시적인 피부 염증이나 가벼운 증상은 자연 치유되는 경우도 많다. 불편함을 별로 느끼지 않는 단계부터 일상생활에 어려움을 겪는 정도까지 불편한 정도는 다양하다. 따라서 중증도와 상태를 평가하여 단계에 맞게 조치해야 한다.

1) 피부 염증의 예방

피부는 개인의 성향차가 크다. 일시적으로 나쁠 수 있으나 바른 생활습관과 충분한 휴식, 수면만으로도 좋아질 수 있다. 과도한 자극은 피부에 악영향을 줄 수 있으니 피부 재생에 도움이 되는 휴식을 통해 피부에 자연적인 영양을 공급해 준다.

피부는 같은 연령대이더라도 평소 습관에 따라 달라질 수 있다. 피부에서 가장 중요한 것은 탄력이며, 이를 위해서는 양질의 수면으로 피부 재생을 도와야 한다. 세포가 재생되는 밤 10시부터 새벽 2시까지 매우 강력한 항산화제인 멜라토닌이 분비되는 골든타임을 놓치지 않고 수면을 취하는 것이 중요하다. 또 음주, 흡연, 커피 등 피부 속 수분에 영향을 미치는 기호식품을 멀리 하거나 횟수를 줄이는 것이 피부 탄력을 높이는 방법이다.

2) 피부 염증의 치료

피부는 증상에 따라 수개월에서 수십 년 동안 증상이 좋아지고 나빠지기를 반복하므로 그만큼 부작용이 나타나기 쉽다. 단기간 치료를 위해 무리하게 피부에 자극을 주는 것은 오히려 치료 기간을 길게 만든다. 피부마다 유발 요인과 악화 인자가 다르므로 다른 사람의 치료법을 무턱대고 따라 하지 말고 전문적인 치료와 상담이 가능한 의사를 지정하여 개인별 치료 방법을 올바르게 선택해야 부작용이 적다.

생활습관 Self Check

1	흡연하는가?	●	✖
2	일주일에 3회 이상 술을 마시는가?	●	✖
3	라면, 통조림 등 인스턴트 음식을 자주 먹는가?	●	✖
4	패스트푸드, 배달 음식 등 외식을 자주 하는가?	●	✖
5	극심한 다이어트를 자주 하는가?	●	✖
6	유산소 운동, 근력 운동 등 운동을 규칙적으로 하지 않는가?	●	✖
7	얼굴이 무표정한가?	●	✖
8	이마, 눈썹 등 표정을 자주 찡그리는가?	●	✖
9	얼굴을 자주 만지는가?	●	✖
10	상처가 있으면 손톱으로 잡아 뜯는가?	●	✖
11	옆으로 또는 엎드려서 잠을 자는가?	●	✖
12	평균 수면시간이 6시간 미만인가?	●	✖
13	새벽 늦게 잠이 들어 늦잠을 자는가?	●	✖
14	커피를 3잔 이상 마시는가?	●	✖
15	생수를 하루 2잔 이하로 마시는가?	●	✖
16	세안 및 클렌징에 별로 신경을 안 쓰는가?	●	✖
17	변비가 있는가?	●	✖
18	사우나, 때밀이 목욕을 자주 하는가?	●	✖
19	자외선에 자주 노출되는가?	●	✖
20	자외선 차단제를 바르지 않는가?	●	✖

결과

항목 중 ●가 10개 이상 해당하면 피부 건강을 위해 생활습관을 바꿔야 한다.

(1) 비약물 치료

보습제 바르기

피부는 건조하면 피부 장벽 기능이 떨어진다. 적절한 피부 보습은 피부 보호의 기본 요소이다. 보습제는 피부에 수분을 공급하고 피부 장벽의 기능을 회복시키며 피부 염증의 증상을 완화시키므로 피부염이 없을 때에도 하루 2~3회 이상 충분히 도포하기를 권장한다. 피부 염증이 있어 피부 각질층이 손상된 부위는 보습제만으로 상태가 호전되지 않으므로 처방받은 치료제와 함께 사용하는 것이 좋다.

보습제는 수분 함량에 따라 로션, 크림, 연고로 나뉘는데, 크림과 연고가 로션보다 보습 기능이 더 뛰어나다. 여름에는 수분이 많은 로션을 사용하고, 겨울에는 크림, 연고 사용을 추천한다. 보습제 성분 중 알레르기 항원 단백질을 포함하는 보습제를 피하기를 권장하고, 피부 상태와 생활습관, 계절, 개인 취향 등에 따라 적절히 선택한다.

보습제를 사용할 때는 얇게 피부에 도포하여 피부 순환을 방해하지 않는다. 보습제는 한 번에 많이 바르는 것보다 여러 번 자주 바르는 것이 더 중요하다. 한 번에 바르는 양은 새끼손가락 끝마디 정도이면 충분하다.

RUNSTUDIO / DigitalVision / Getty Images

Tassii / E+ / Getty Images

수성 밀폐 요법(Wet Wrap)

피부 염증이 갑자기 심해진 경우 수성 밀폐 요법이 증상 완화에 도움이 될 수 있다. 피부에 직접 닿는 것이어서 간염 위험성이 있을 수 있으므로 주의를 요한다. 준비물로 식염수, 거즈(수건)가 필요하다. 우선 식염수를 냉장고에 1~2시간(냉동

실 30분) 넣어 차갑게 둔다.

그 후 거즈에 식염수를 흠뻑 적셔 피부 위에 올려 둔다. 거즈에 수시로 식염수를 뿌려 피부를 차갑게 하여 발진한 피부를 진정시킨다. 주로 얼굴, 목, 가슴 등 상체에 사용한다. 수성 밀폐 요법이 끝나면 깨끗한 물로 씻고 충분히 보습한다.

피부 건강에 유익한 식품 섭취

유산균, 필수 지방산, 콜라겐, 비타민 등 피부에 도움이 되는 식품을 주기적으로 섭취하여 영양성분을 피부에 공급한다. 유산균은 장내 미생물 균형을 개선하여 숙주인 사람에게 이로움을 주는 균주로, 장내의 유익한 균을 증식시키는 인자로는 올리고당, 식이섬유 등이 있다.

피부염은 피부 내 필수 지방산 대사 이상을 동반한다. 감마리놀렌산이 함유된 달맞이꽃 종자유를 복용하면 필수 지방산 보충에 도움이 된다고 알려져 있다. 그 외 비타민은 면역 반응을 정상화하고 피부염 개선에 효과가 있다는 연구 결과가 보고된 바 있다.

(2) 약물 치료

국소 스테로이드

국소 스테로이드는 피부염의 기본적이고 효과적인 치료제이다. 스테로이드는 피부 면역 세포에 작용하여 가려움증, 염증, 황색 포도알균의 수를 감소시켜 이상 면역 반응을 억제한다. 국소 스테로이드는 강도에 따라 1~7등급으로 구분되며, 연고, 크림, 로션, 용액, 겔 등 다양한 제제로 개발되어 있다.

치료 부위나 상태에 따라 약물의 강도와 제제를 달리하여 적절하게 사용해야 한다. 국소 스테로이드를 장기간 바르거나 높은 강도로 바를 경우 도포한 부위에 살이 트거나 털이 많아지고, 피부 위축, 모세혈관 확장, 스테로이드 여드름 발생 등의 부작용이 생길 수 있다. 그러나 보통의 피부염에서 올바른 용법으로 사용한 국소 스테로이드는 대체로 안전하므로, 무조건 사용을 피하지 말고 의사의 진단과 처방대로 올바르게 사용하는 것이 필요하다.

국소 면역 조절제

국소 스테로이드를 대신하는 치료제로, 피부염에서 일어나는 면역 세포의 이상 기능을 억제하는 효과가 있다. 가격이 스테로이드에 비해 비싸다는 단점이 있지만, 장기간 사용해도 피부 위축, 혈관 확장 등 부작용 우려가 없다. 보통 2세 이상의 소아, 성인의 얼굴이나 목 부위처럼 피부가 약하고 얇은 부위에 효과적으로 쓰인다.

처음 도포 시 화끈거림이나 붉어짐 등의 자극 증상이 있으나, 보통 수일간 도포 후에는 사라진다. 자극 증상을 줄이기 위해 보습제와 섞어서 도포하거나, 보습제나 항염제를 바른 후 도포할 수 있으며, 바르기 전 냉장고에 넣어 시원하게 도포하는 것이 도움이 될 수 있다.

항히스타민제

피부염의 주 증상인 가려움증을 감소시키기 위해 진정 작용이 있는 항히스타민제를 복용하는 것이 도움이 될 수 있다. 항히스타민제를 복용할 경우 졸리거나 집중력이 떨어지는 부작용이 있어 가려움증이 심해지는 저녁에 주로 복용한다.

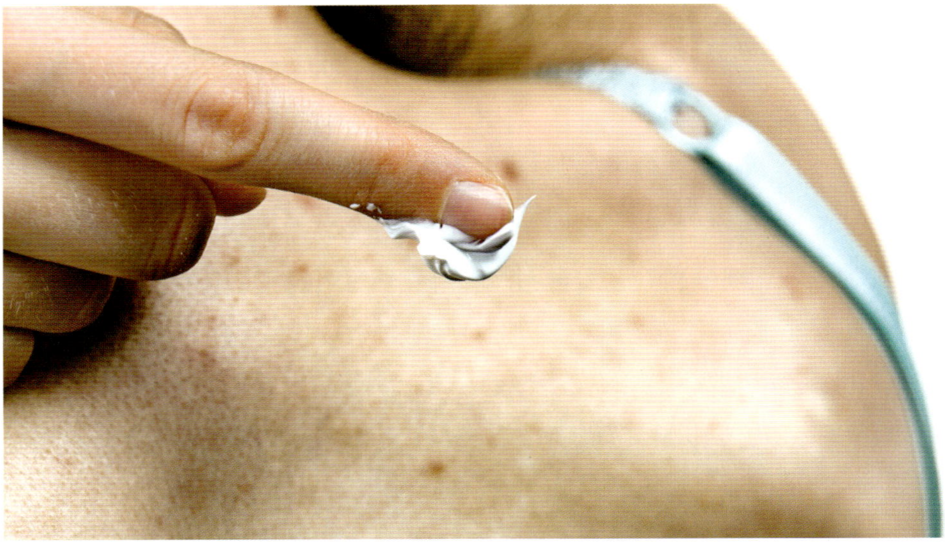

실습

내 피부의 트러블과 치료법

08

네일 이미지
Nail Image

1_ 건강한 손 관리
2_ 네일 케어
3_ 네일 컬러

Nail image

01

건강한 손 관리

손은 얼굴과 함께 외부에 가장 잘 드러나고 가장 많이 사용하는 신체 부위이다. 고객 응대 시 손을 사용하는 경우가 많고, 얼굴만큼 쉽게 노출되는 일이 많다. 레스토랑에서 식사를 서빙하는 종업원의 손, 공항에서 탑승권을 발급하는 직원의 손, 기내에서 음료를 제공하는 승무원의 손, 미용실에서 펌을 해 주는 미용사의 손을 생각해 보자. 그 사람의 얼굴만큼이나 손이 주는 이미지는 강렬하다. 특히 네일의 컬러를 보면서 그 사람의 심리와 취향을 짐작할 수도 있다.

손은 피부가 얇아 지방이 감소하면서 탄력이 떨어져 정맥이 비쳐 보이며 빠르게 노화되는 부위이므로 손 관리를 소홀히 해서는 안 된다. 손은 선크림을 바르지 않거나 자주 씻는 경우가 많고 자외선의 영향을 그대로 받는 등 외부 자극에 노출되면서 건조해지고 큐티클도 생기기 쉽다. 따라서 손에도 관심을 가지고 손을 씻을 때마다 핸드크림을 바르고 장시간 외부 활동을 할 때는 손에도 선크림을 꼼꼼히 바르며 장갑을 착용하는 것도 좋다.

1) 손 마사지 기본 방법

① 핸드크림이나 오일을 손가락 마디마디까지 듬뿍 바른다.

② 손목 → 손가락 방향으로 손바닥을 이용하여 부드럽게 쓸어내린다.

③ 한 손가락씩 마디에서 손끝으로 뼈를 타고 내려가듯이 마사지한다.

④ 손바닥을 엄지손가락으로 지그시 눌러 주듯이 직선으로 마사지한다. 가로, 세로 방향으로 번갈아 가면서 반복한다.

⑤ 손가락 사이사이 움푹 들어간 곳을 지압하듯 마사지한다.

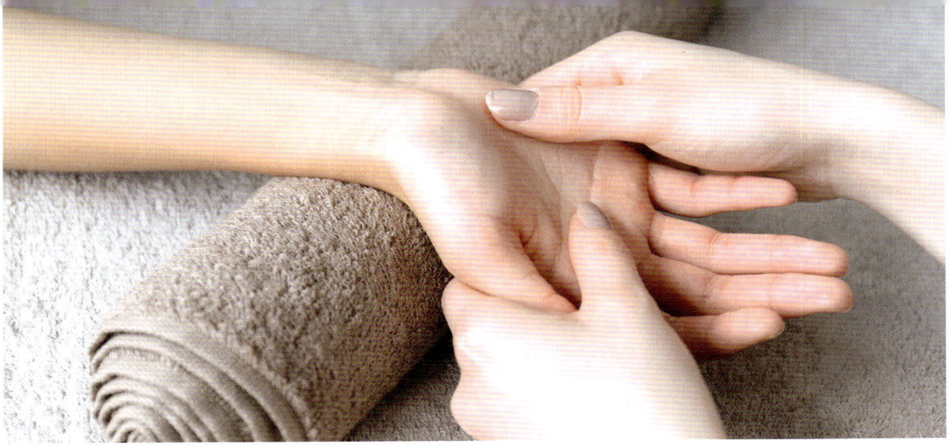

west / iStock / Getty Images Plus

2) 손 마사지 부위별 방법

손톱 양옆 누르기 〈뒷목 관리〉

엄지와 검지손가락으로 손톱 양옆을 꼭 누른다. 열 손가락을 모두 같은 방법으로 누르면서 아픈 부위는 시원한 느낌이 들 때까지 누른다. 이 부위의 마사지는 뒷목의 긴장을 풀어 준다.

손가락 전체 뒤로 젖히기 〈혈액순환 및 눈, 목 피로〉

다섯 손가락을 가지런히 붙인 후 다른 손바닥을 대고 손등 쪽으로 서서히 밀어 준다. 컴퓨터 앞에 오래 앉아 있을 때 이 마사지를 해 주면 눈과 목의 피로가 풀리고 혈액순환이 좋아진다.

손가락 사이사이 누르기 〈감기 예방〉

손가락 사이 갈라진 부위를 꼬집듯이 눌러 준다. 이 부위는 임파선과 연결되어 있어 감기 예방과 치료에 도움이 된다.

손목 바깥쪽 두드리기 〈생리통〉

손목 가장자리의 움푹 들어간 곳을 수시로 손바닥으로 살짝 두드리거나 아픈 곳을 꾹꾹 눌러 준다. 생리통이나 요통 해소에 좋다.

새끼손가락 옆쪽 위아래로 문지르기 〈다리 혈액순환〉

새끼손가락의 가장자리를 엄지와 검지손가락을 이용해 위에서 아래로, 아래에서 위로 눌러 주면 다리 혈액순환에 도움이 된다.

02

네일 케어

1) 손톱 형태 만들기

손톱 형태를 다듬는 단계는 네일 아트의 첫 단계이다. 형태를 만들기 전에 네일 클리퍼를 이용하여 길이를 조절한다. 스퀘어, 세미 스퀘어, 라운드, 오벌, 포인트 등 손톱 형태의 특징과 이미지를 고려하여 다듬을 손톱 형태를 선택한다.

형태	이미지	특징
스퀘어		• 대회용으로 많이 사용되며 강한 느낌을 준다. • 내구성이 강하여 컴퓨터 작업 등 손끝을 많이 사용하는 사무원에게 어울린다. • 파고드는 손발톱을 예방하기 위한 형태이다.
세미 스퀘어		• 세련된 느낌을 준다. • 남성과 여성에게 모두 잘 어울린다.
라운드		• 남성 매니큐어 시 가장 적합한 손톱 형태이다. • 남성과 여성에게 모두 잘 어울린다.
오벌		• 손이 길어 보이며 우아한 느낌을 준다. • 여성스러움이 가장 잘 돋보인다.
포인트		• 손이 길고 가늘어 보인다. • 가장 약하고 손상되기 쉽다.

2) 큐티클 제거하기

RUNSTUDIO / DigitalVision / Getty Images

큐티클에 큐티클 연화제(큐티클 오일, 큐티클 리무버, 큐티클 크림 등)를 골고루 바르고 2분 정도 불린 후 푸셔를 사용하여 큐티클을 밀어 준다. 큐티클 푸셔는 45도 각도로 압력을 가하지 않고 부드럽게 살살 밀어서 사용하는 것이 중요하다. 그다음 큐티클 니퍼를 사용하여 큐티클 주변 피부가 손상되지 않고 거스러미가 생기지 않게 피부결대로 뒤로 빼듯이 조심스럽게 정리한다. 큐티클을 너무 깊이 제거하면 출혈이 발생할 수 있으므로 조심해야 한다.

3) 유분기 제거하기

베이스코트의 밀착력을 높이기 위해서는 네일의 유분기를 제거하는 것이 중요하다.

4) 베이스코트 바르기

Jan Scherders / Tetra images / Getty Images

베이스코트는 손톱을 보호하고 착색을 방지한다. 매니큐어의 밀착력을 높이기 위해 손톱 전체에 1회 바른다.

5) 매니큐어 바르기

① 베이스코트가 마른 후 매니큐어를 45도 각도로 손톱 전체에 바른다.

② 손톱을 최소 5회 이상 터치해야 붓 자국이 남지 않으므로 촘촘하게 바른 부분을 다시 바르는 느낌으로 바르고, 마르기 전에 에지(Edge) 부분도 바른다. 에

지를 안 바르면 매니큐어가 빨리 벗겨진다. 에지는 베이스코트와 첫 번째 컬러를 바를 때만 발라도 된다.

③ 같은 방법으로 손톱 전체에 1회 더 바른다. 컬러를 2회 바르는 이유는 표면에 생길 수 있는 붓 자국이나 얼룩을 덮고 컬러감을 제대로 표현할 수 있기 때문이다.

6) 탑코트 바르기

광택 유지와 컬러를 보호하기 위해 탑코트를 손톱 전체에 바른다.

7) 수정하기

오렌지 우드스틱을 이용하여 손톱 주위에 묻은 매니큐어를 수정한다.

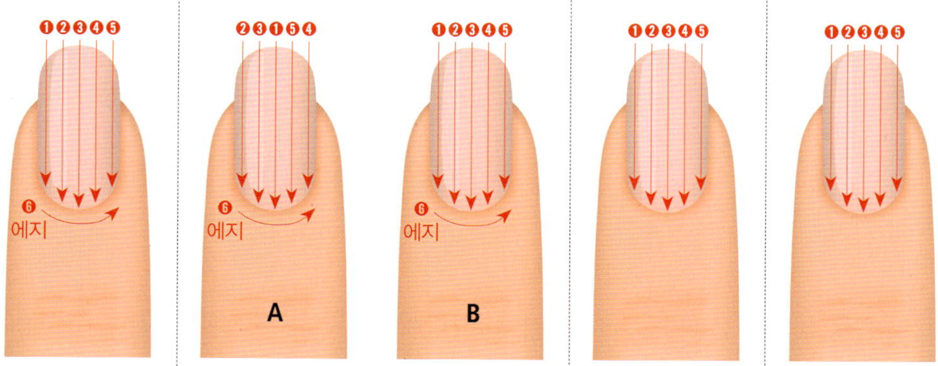

❶ 베이스코트 ❷ 컬러 1coat ❸ 컬러 2coat ❹ 탑코트

03

네일 컬러

1) 컬러를 바르는 방법

- 전체 코트(Full Coat): 손톱 표면에 전체적으로 바르는 방법이다.
- 프렌치(French): 손톱의 끝부분에만 컬러를 바르는 방법으로, 손톱이 길어 보인다. 프렌치는 바르는 형태에 따라 다음 그림과 같이 9가지로 세부적으로 구분된다.

원컬러
(Full 컬러)

오벌형 프렌치

라운드형 프렌치

사선프렌치

그러데이션

딥프렌치
(손톱의 2/3)

넥프렌치

반프렌치
(손톱의 1/2)

루눌라(반월)
프렌치

2) 네일 컬러

사람은 컬러를 단순히 볼 뿐만 아니라 마음으로 받아들인다. 각각의 컬러에 고유의 파장과 에너지가 있다는 점을 활용해 몸과 마음을 치유하는 것이 컬러테라피이다. 컬러테라피 원리에 따르면, 개인의 기분이나 컨디션에 따라 컬러를 선택하면 그 컬러의 에너지가 심리적, 신체적으로 영향을 미친다.

이 원리를 적용하여 자신에게 맞는 컬러를 찾아 긍정적인 에너지를 생성하고 이를 심리적 안정과 건강에 활용하고 있다. 퍼스널 컬러가 외적인 이미지 향상을 위한 것이라면 컬러테라피는 내적인 이미지 향상을 위해 활용할 수 있다. 자신의 피부에 어울리면서 기분 전환이나 힐링과 연결되는 네일 컬러에 대해 알아보자.

빨간색

Kseniya Ovchinnikova / Moment / Getty Images

정열적이고 에너지가 넘치는 컬러이다. 우울하거나 무기력할 때, 생활의 활력을 되찾고 싶을 때 레드 계열의 컬러를 활용하면 생기를 불어넣을 수 있다. 단, 빨간색은 교감신경계를 활성화하여 식욕을 돋우므로 다이어트 중에는 피한다. 흰색을 같이 활용하면 시각적인 안정감이 생긴다. 사람들 앞에서 당당하게 보이고 싶을 때나 강인함을 연출하고자 할 때 추천한다.

주황색

활기차고 따뜻하며 관계를 원활하게 해 주는 컬러이다. 활력을 불어넣으면서 오감을 자극하여 마음을 경쾌하게 해 준다. 사교적이고 개성적인 컬러로 다른 사람들의 이목을 끄는 데 효과적이다. 용기를 내고 싶을 때, 성공하고 싶을 때 추천한다.

노란색

Anna Efetova / Moment / Getty Images

지적이며 집중력을 높여 주는 컬러이다. 정서적 교감을 느낄 수 있어 친밀감과 즐거운 분위기를 연출할 때 적당하다. 따뜻하고 행복을 느끼게 하며 상처를 회복시키는 효과가 있고 좌뇌를 자극하여 학습에 도움이 된다. 단, 식욕을 자극하여 다이어트 중에는 피하는 것이 좋다. 말을 잘하고 싶을 때, 자신감을 얻고 싶을 때, 가라앉은 기분에서 벗어나고 싶을 때 추천한다.

초록색

심신을 안정시켜 주는 치유의 컬러이다. 육체적 피로를 자주 느낄 때 활용하면 피로 회복뿐만 아니라 긴장감을 낮춰 스트레스 완화에도 도움이 된다. 짙은 초록색은 식욕을 억제하고 이성적인 판단을 하는 데 도움이 된다. 건강에 신경 쓰고 싶을 때, 자신을 객관적으로 보고 싶을 때, 목표를 명확히 하고 싶을 때 추천한다.

파란색

평화와 소통의 컬러로 평온함과 신뢰를 준다. 중요한 자리에서 믿음을 조성하는 컬러로 진실하고 충성스러운 이미지를 준다. 또한 근육과 혈관을 축소시키는 효과가 있어서 흥분을 가라앉히고 심신을 안정시키는 데 효과적이다. 이성적이고 싶을 때, 생각을 확실히 정리하고 싶을 때, 피로를 해소하고 싶을 때 추천한다.

보라색

개성을 잘 표현하고 자유로운 에너지를 지닌 컬러이다. 부정적인 상황을 긍정적으로 극복하고 싶을 때나 우울하고 슬플 때 감수성을 조절하여 심신의 균형을 회복하는 데 도움이 된다. 통찰력을 높이고 싶을 때, 정신이 혼란스러울 때, 자신을 믿고 싶을 때, 과로를 줄이고 싶을 때 추천한다.

DevManya / iStock / Getty Images Plus

핑크색

상냥하고 사랑이 충만한 진정의 컬러이다. 공격적인 성향을 가진 사람에게 화를 가라앉히는 효과가 뛰어나다. 로맨틱한 분위기를 만들고 싶을 때 활용하면 좋다. 사랑하고 싶고 사랑받고 싶을 때, 부드러운 인상을 주고 싶을 때 추천한다.

Kseniya Ovchinnikova / Moment / Getty Images

검은색

심리적 안정과 감정 억제에 효과적인 컬러이다. 고급스럽고 세련된 분위기 연출이 가능하고 뚜렷한 의지를 표현할 때 효과적이다. 자신을 지키고 싶을 때, 설득력을 높이고 싶을 때 추천한다.

컬러가 다이어트에 영향을 미칠까?

■ 일본 도쿄 대학 색채학자 노무라 준이치의 실험 연구

〈실험 설계〉 똑같은 커피가 든 캔 4개를 각각 빨간색, 노란색, 파란색, 진갈색으로 칠하고, 캔과 같은 색의 컵에 커피를 따라 마신 후 커피의 풍미와 향을 이야기해 보도록 했다.

- 피실험자의 73%가 진갈색 캔의 커피가 '맛과 향이 제일 진하다'고 응답, 87%가 노란색 캔의 커피가 '제일 연하다'고 평가했다.
- '맛'은 단지 '미각'에 좌우되는 것이 아니라 좀 더 복잡한 과정을 거쳐 결정된다.(색채가 맛의 평가에 영향을 미침)

■ 미국 시카고 대학의 컬러와 식사량에 대한 실험 연구

〈실험 설계〉 학생 225명을 대상으로 스파게티의 식사량을 측정했다. 이때 접시와 식탁보의 색깔을 두 종류(흰색과 빨간색)로 임의로 배분해 식사하게 한 후 식사 조건에 따른 식사량을 비교 · 검증했다.

- 식탁보 색깔이 동일한 경우 빨간색 접시에 담긴 스파게티를 먹은 사람이 흰색 접시에 담긴 스파게티를 먹은 사람보다 식사량이 21% 더 많았다.
- 접시의 색이 동일한 경우 빨간색 식탁보에서 식사한 사람의 식사량이 흰색 식탁보에서 식사한 사람보다 식사량이 10% 더 많았다.

■ 식욕 스펙트럼 (일본 노무라 준이치 박사)

- 식욕 반응: 빨간색 〉 주황색 〉 노란색 〉 녹색 〉 황록색 〉 파란색 〉 보라색
- 고대로부터 파란색이나 보라색은 독이나 쓴맛, 익기 전의 과일, 상한 음식 같이 느껴지도록 경험적으로 학습되었기 때문에 식욕 억제 효과가 큰 것으로 알려져 있다.
- 파란색과 청색 계통은 식욕 등 감정 완화를 돕기 때문에 식탁 매트나 소품, 그릇 등을 파란색이나 청색 계통으로 할 경우 식욕을 줄이는 데 비교적 효과적이다.

(매일경제, 2016. 10. 28일자 기사 참고)

실습

나만의 네일 컬러 찾기

(부록 참조)

구분	네일 컬러	손톱 형태	바르는 방법
내게 가장 잘 어울리는 면접 네일			
내게 무난하게 어울리는 일상 네일			
회사 이미지와 가장 잘 어울리는 네일			
피해야 하는 네일			

09

체형 이미지
Body Shape Image

1_ 체형의 개념
2_ 체형 분석
3_ 바른 체형 만들기
4_ 잘못된 자세에 따른 체형과 교정
5_ 체형별 결점을 보완하는 스타일 전략

Body Image

jacoblund / iStock / Getty Images Plus

01

체형의 개념

체형(體型, Somatotype)이란 인체의 모양으로, 겉으로 보이는 체격의 특징으로 외견상 분류한 유형이다. 해부학적으로는 '개인의 형태적 구조를 결정하는 기본적 성분의 특성'이란 의미로, 내부 구조의 조직이 밖으로 나타나서 특정 형태를 이룬 모양을 가리키는데, 일반적으로는 신체의 외표(外表) 윤곽선을 말한다.

사람을 다른 사람과 구별해 주는 인자로서의 체형은 의복만이 아니라 모자, 신발, 의자 등의 적합 여부를 판가름하는 중요한 요소이다. 또한 신체 비율, 신체 표면의 부각(浮刻), 자세나 동작 등과 함께 인체의 아름다움을 완성하는 요소로서도 중요한 것이다. 체형은 골격을 근간으로 형성되어, 다음으로 골격 위에 근육이 덮여 대략의 형태가 만들어지고 그 위에 지방층이 있는 피부가 덮여 완성된다.

이렇듯 체형이란 가장 마지막에 완성되는 인체의 외형을 가리킨다. 이 3가지 요소 중 체형과 가장 관계가 깊은 인자는 피하 지방이지만, 이것은 결코 전신에 한결같은 모양으로 침착하는 일이 없고 눈꺼풀이나 각 관절의 위 등에는 붙기 어려우며 둔부, 대퇴부, 하복부, 유방부(여성)에 두껍게 붙기 쉽다. 이와 같은 현상을 피하 지방의 선택적 침착이라고 한다. 이 침착의 정도나 부위는 개인차와 연령차가 있으며, 의복의 대량 생산을 위해 꼭 필요하다고 여겨지는 체형의 분류가 곤란하다고 되어 있다.

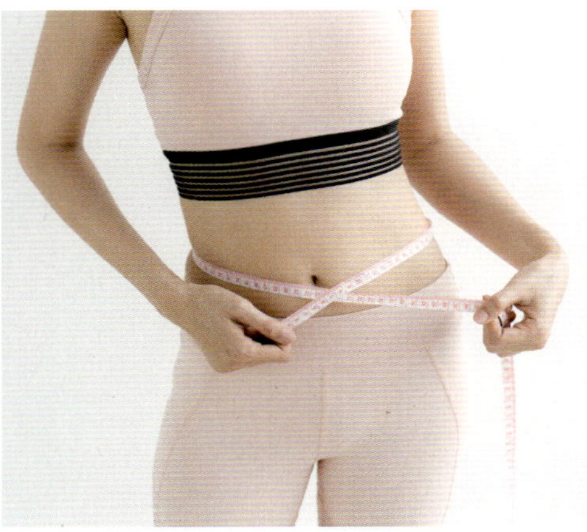

체형의 분류는 꽤 오래전부터 이루어졌으며, 히포크라테스(Hippocrates, BC 460~375)로 시작하여 몇몇 연구[Sigaud(1908), Kretschmer(1937) 등]가 있었는데, 주로 의학적으로 체질을 연구하는 측면에서 수행되었다. 1942년에 발간

된 셸던(Sheldon)의 『Atlas of Men(인체의 지도)』은 대량 생산 의복을 위한 인간 인자로서도 높이 평가되고 있다.

체형의 종류는 가로, 세로 절단형의 전신 체형 외에 머리형과 볼기형 등의 부분 체형부터 눈, 코형 등으로 세분화된다. 체형의 관찰법에는 사진 관찰법, 실루에터법, 슬라이딩 게이지법, 석고 테이프법, 데르마토그래피법, 타이트 피팅법 등 여러 가지가 있으며 피복 구성의 면에서도 체형 관찰과 체형 분류는 빼놓을 수 없는 것이다.

카이저(Kaiser)에 따르면 신체 이미지는 새로운 환경과 자극을 통해 시대의 이상적인 미의 기준과 사회화, 대중매체, 동료 집단 및 유행 등의 사회, 문화적 영향을 받는다. 즉, 개인이 주관적으로 지각하는 신체 전반에 대한 생각은 사회적으로나 문화적인 기준의 영향을 많이 받기 때문에 그 기준에 가까운 외모를 추구하며 그에 따른 평가는 개인마다 다르고 시대마다 다르게 변하게 된다.

보타(Botta)는 신체 이미지의 개념을 폭넓게 늘 변화하는 개념으로 개인이 자신의 신체가 어떻게 보이기를 바라는지까지 포함한다고 정의하여 개인이 속한 문화권의 영향을 받으면서 사회화, 대중매체, 동료 및 문화 등 삶 전반에 영향을 주는 요소가 될 수 있다고 주장했다.

이는 개인의 신체 이미지가 그가 속한 사회의 영향을 받는다는 것이다. 따라서 신체 이미지는 미적인 것과 사회, 문화적 환경에 의해 삶의 영향을 받으며, 자신의 신체에 대해 주관적으로 느끼게 되는 감정이나 태도로서 타인을 알게 되는 가장 기초적인 정보 중의 하나로 정의할 수 있다.

02

체형 분석

얼굴 생김새가 모두 다르듯 체형도 각자 살아 온 과정에 따라 다르게 완성된다. 이렇게 사람마다 체형이 다른 이유는 선천적 영향과 거주하는 곳, 주변 환경, 식생활과 직장 등의 환경적 요인이 다르기 때문이다.

1) 기본 체형 알아보기

- 모래시계 체형: 어깨와 엉덩이가 균형을 이루고 허리선이 뚜렷한 체형
- 삼각형 체형: 상반신은 날씬한 데 비해 허리 아래 엉덩이가 큰 체형
- 역삼각형 체형: 어깨가 넓고 허리와 엉덩이가 어깨너비에 비해 좁은 체형
- 둥근 체형: 어깨와 엉덩이보다 허리가 더 넓은 체형
- 직사각형 체형: 어깨가 넓고 어깨와 엉덩이의 차이가 거의 없어 허리선이 뚜렷하지 않은 체형

2) 내 체형 알아보기

자신이 어떤 체형에 속하는지 치수를 통해 알아보고 체형에 맞는 이미지메이킹을 하여 자신감 있는 이미지를 설정할 수 있다.

(1) 체형 측정하기

- 가슴 재기: 젖꼭지 높이에서 수평으로 가슴둘레를 측정한다.
- 허리 재기: 갈비뼈 바로 밑, 배꼽 윗부분의 가장 가는 허리 둘레를 측정한다.
- 엉덩이 재기: 가랑이 높이에서 가장 많이 튀어나온 엉덩이 둘레를 측정한다.

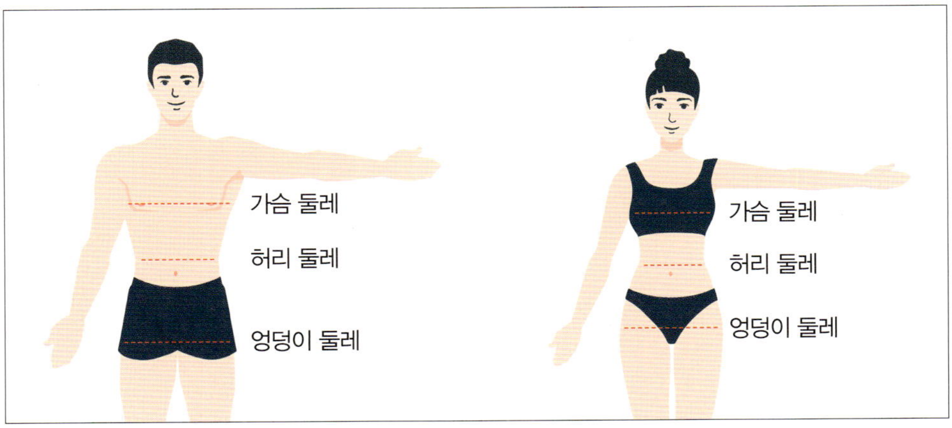

(2) 측정값으로 체형 그리기

① 신체 각 부위를 측정한 둘레를 1/10길이로 축소하여 종이에 평행선을 3개 그린다.

② 테두리 선을 연결한다.

③ 자기 체형이 어떤 체형인지 알아본다.

[예시]

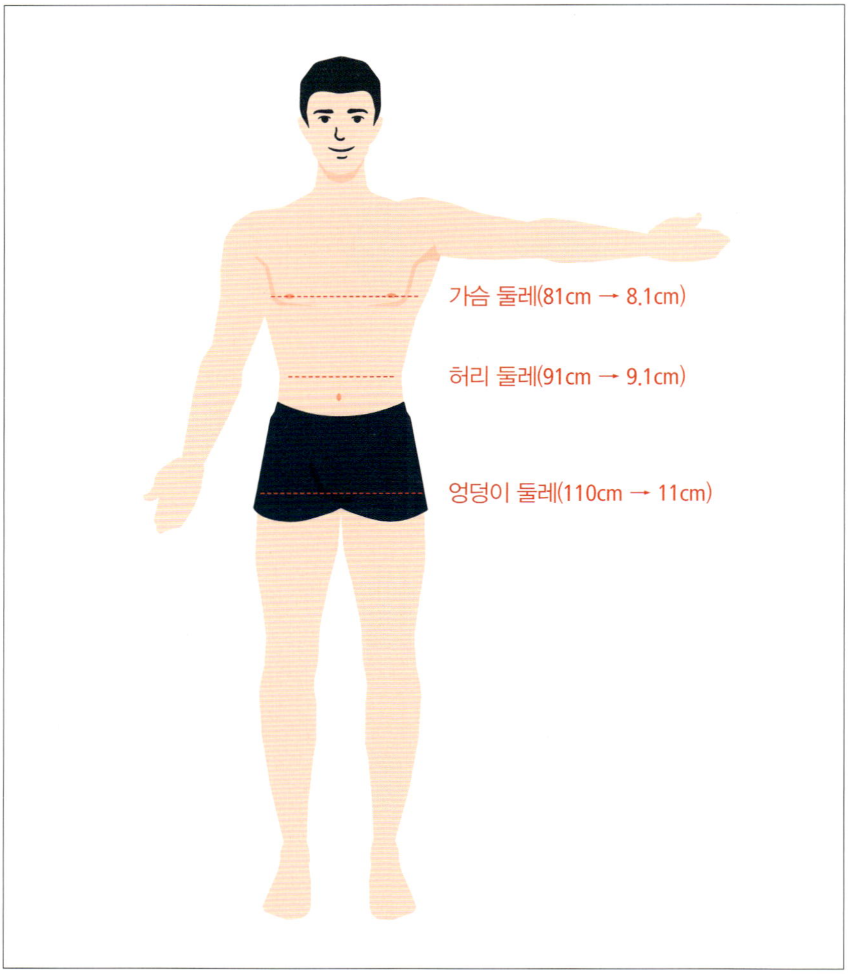

실습

측정값으로 내 체형 그리기

03

바른 체형 만들기

사람은 누구나 아름다운 몸을 갖고 싶어한다. 하지만 현실은 그렇지 못한 경우가 많다. 현실이 이상과 다른 것은 생활습관에서 비롯하는 경우가 많다. 예를 들어 잘못된 자세를 장시간 지속하여 취하게 되면 대칭을 이루어야 할 근육이 한쪽으로 틀어지면서 체형이 비뚤어지기 때문이다. 구부정한 자세로 오랫동안 앉아 있거나, 의자에 다리를 꼬고 앉은 자세로 휴대폰을 들여다보는 등 나쁜 자세가 습관이 되면 체형이 변형되는 사례를 보곤 한다. 한 부위가 불균형하면 다른 부위에까지 연속적으로 영향을 끼쳐 전체 체형이 변형된다. 특히 앉아서 보내는 시간이 많은 직장인과 학생은 바른 자세에 대한 인식과 경각심을 주기적으로 환기하여 이를 예방하는 것이 바람직하다. 다음의 '체형 불균형 Self Check'를 통해 자기 체형의 불균형도를 점검해 보자.

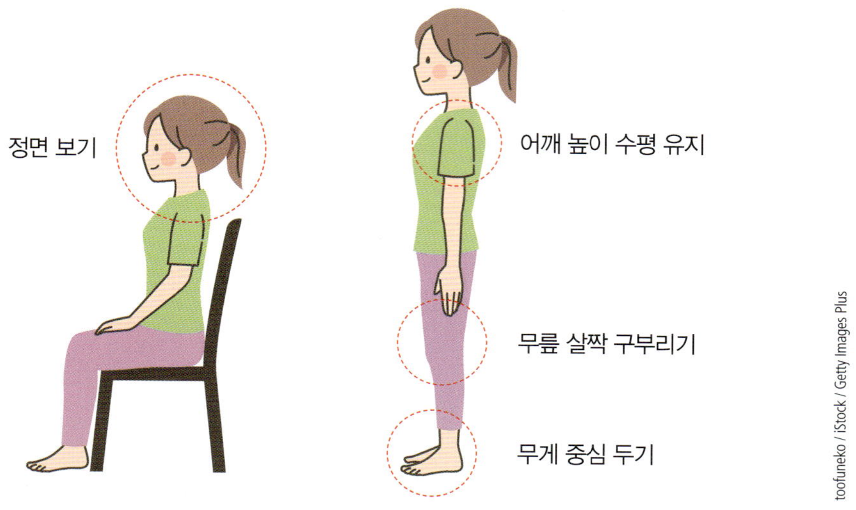

앉아 있는 바른 자세와 서 있는 바른 자세

체형 불균형 Self Check

1	양쪽 어깨 높이가 다른가?	● ✖
2	양쪽 가슴의 높이와 모양이 다른가?	● ✖
3	두 발을 모으고 섰을 때 허벅지가 붙지 않는가?	● ✖
4	두 발을 모으고 섰을 때 무릎이 안이나 밖을 향하는가?	● ✖
5	등을 곧게 편 바른 자세가 힘들어 오래 있지 못하는가?	● ✖
6	두 발을 모으고 의자에 앉았을 때 종아리가 붙지 않는가?	● ✖
7	가방을 한쪽으로만 메는 습관이 있는가?	● ✖
8	오래 걷기 힘드는가?	● ✖
9	걸음걸이가 이상한가?	● ✖
10	항상 속이 더부룩하고 소화가 잘 안되는가?	● ✖
11	좌우 골반의 높이가 다른가?	● ✖
12	무릎을 펴고 상체를 숙였을 때 한쪽 등과 허리가 솟아 있는가?	● ✖
13	똑바로 누웠을 때 팔과 다리의 대칭이 다른가?	● ✖
14	옆으로 눕거나 엎드려야 잠이 오는가?	● ✖
15	높은 베개를 베는가?	● ✖
16	신발의 한쪽 모서리가 빨리 닳는가?	● ✖
17	하루의 많은 시간을 책상에 앉아 보내는가?	● ✖
18	어깨 근육이 항상 뭉쳐 있는가?	● ✖
19	손, 발, 팔이 자주 저리는가?	● ✖
20	등이 구부정한가?	● ✖
21	허리가 자주 아픈가?	● ✖

결과

● 의 개수를 세어 자신의 체형 불균형도를 확인한다.

[0~5개] 체형 불균형도 10%　사람들에게 자세가 바르고 체형이 곧다는 소리를 자주 들을 것이다. 계속 바른 자세를 습관화하여 똑바른 체형을 유지할 수 있도록 노력해야 한다.

[6~13개] 체형 불균형도 30%　갑자기 몸에 군살이 붙거나, 이유 없이 더 피곤하고 일에 집중이 잘 안 된다고 느낄 수 있다. 체형이 삐뚤어졌을 때 생기는 증상으로, 자세를 바로잡지 않으면 체형에 문제가 생길 수 있다.

[14~21개] 체형 불균형도 70% 이상　몸 여기저기 근육이 뭉치고, 결리는 일이 잦다. 교정을 하지 않은 채로 다이어트를 하면 별 효과가 없을 수 있다. 건강을 위해 체중 감량과 체형 교정이 시급하다.

직장이나 학교 등 일상생활에서 앉아 있는 시간이 많은 현대인이 꼭 알아야 하는 바른 자세를 알아본다. 바른 자세를 취하는 것만으로도 체형 교정에 도움이 될까? 답은 '그렇다'이다. 바른 자세를 유지하는 것만으로도 자세 유지근을 활성화하여 자세를 바로잡고 건강한 몸을 만들 수 있다. 바른 자세를 습관화하여 균형 잡힌 체형을 만들고 교정해 보자.

1) 바르게 서기

정면을 보고, 무게 중심은 양쪽 엉덩이에 일대일로 둔다. 이때 갈비뼈가 튀어 나가지 않도록 주의한다.

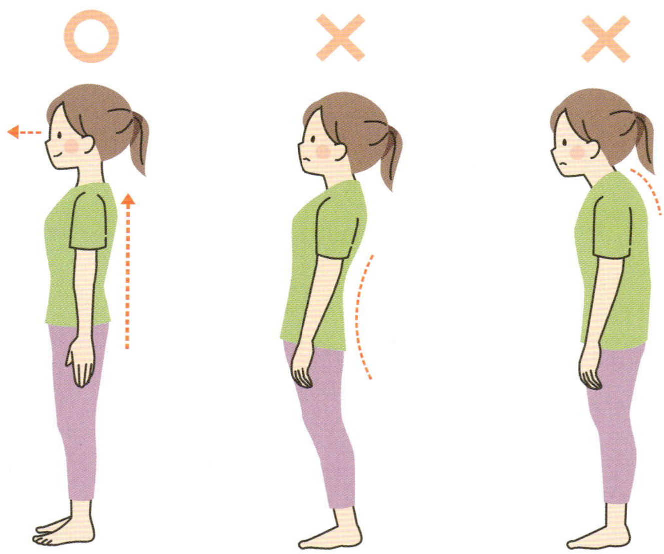

toofuneko / iStock / Getty Images Plus

- 머리와 목: 뒷목을 길게 늘여서 턱 아래에 달걀 하나가 들어 있다고 생각하며 턱을 당긴다.
- 어깨: 쇄골을 넓게 펴고 어깨를 끌어내린다.
- 몸통: 골반 위에 수직으로 곧게 세운다.
- 무릎: 적절한 각도로 굽힌다. 무릎이 엉덩이와 수평이 되거나 약간 올라가게 한다.
- 발: 골반 너비로 벌리고, 발바닥 전체가 바닥에 닿게 한다.

2) 바르게 앉기

등을 펴고, 어깨를 벌리고 앉는다. 이때 엉덩이가 의자의 끝부분에 닿아야 한다.

toofuneko / iStock / Getty Images Plus

- 머리와 목: 뒷목을 길게 늘여서 턱 아래에 달걀 하나가 들어 있다고 생각하며 턱을 당긴다.
- 어깨: 쇄골을 넓게 펴고 어깨를 끌어내린다.
- 몸통: 앞이나 옆으로 빠지거나 돌아가지 않고 치골, 앞 골반, 몸통을 수직으로 곧게 세운다.
- 골반: 좌우가 수평한 상태에서 치골과 앞 골반을 수직선상에 둔다.
- 무릎: 쫙 펴지 않고 5~10도 살짝 구부린다. 두 번째 발가락과 같은 방향에 둔다.
- 발: 두 발의 엄지발가락을 나란히 하고, 골반 너비로 벌려 자세를 유지한다.

04

잘못된 자세에 따른 체형과 교정

잘못된 자세에서 비롯된 체형은 다양한 운동으로 바로잡을 수 있다. 상체, 하체, 전신 비만형과 복부 비만형으로 나눠 체형 변형의 원인을 알고 교정 운동을 따라 해 본다.

1) 거북이형: 상체 비만

(1) 체형

말 그대로 거북이처럼 목이 앞으로 나와 있고 어깨가 굽은 체형이다. 흔히 한 자세로 오래 앉아 있다 보니 목과 어깨의 긴장이 심하다. 또한 무거운 물건이나 짐을 나를 때 골반과 얼굴을 앞으로 내밀어 무게를 감당하는 경우가 많다. 장시간 이런 자세를 취하면 목 뒤쪽과 등, 복부에 살이 찌거나 팔이 두꺼워지는 거북이형 체형이 된다.

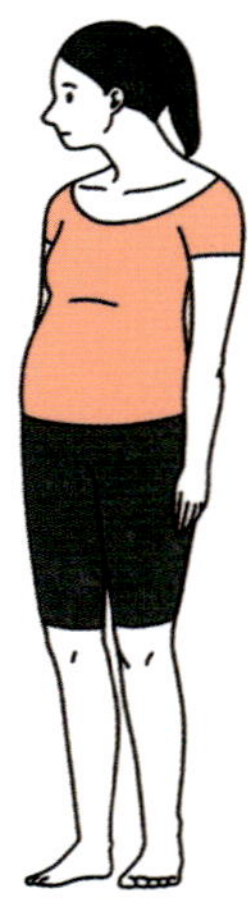

이 자세만은 하지 말자!

몸을 앞으로 숙이는 자세가 지속되면 앞으로 떨어지는 머리를 붙잡기 위해 뒷목과 어깨 근육이 긴장하며, 경추에도 구조적 변화가 생겨 거북이형 체형이 가속화된다.

거북이형 체형을 교정하는 운동 두 가지를 연습해 보자.

(2) 교정 운동

척추 웨이브 운동: 척추 유연성 기르기

(운동 횟수: 10회, 운동 세트: 1세트)

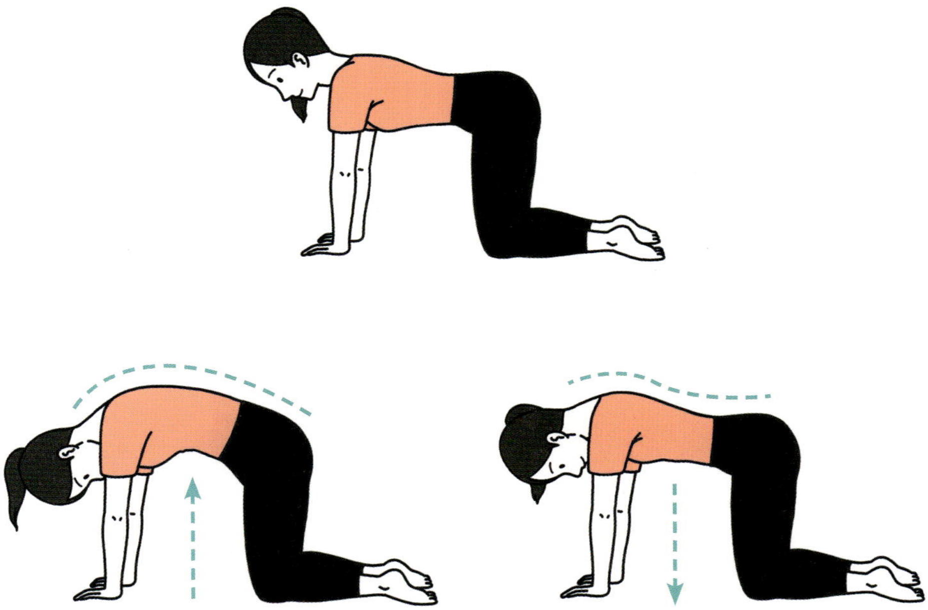

① 어깨 아래에 손목, 골반 아래에 무릎을 둔다.

② 숨을 내쉬며 꼬리뼈부터 허리, 등 순서로 척추를 둥글게 말아 올린다. 이때 시선은 배꼽을 향한다.

③ 숨을 마시며 웨이브를 하듯 꼬리뼈부터 허리, 등, 머리 순서로 펴서 처음 자세로 돌아온다.

복부, 옆구리 운동: 복부 근육 강화하기

(운동 횟수: 15회, 운동 세트: 2세트)

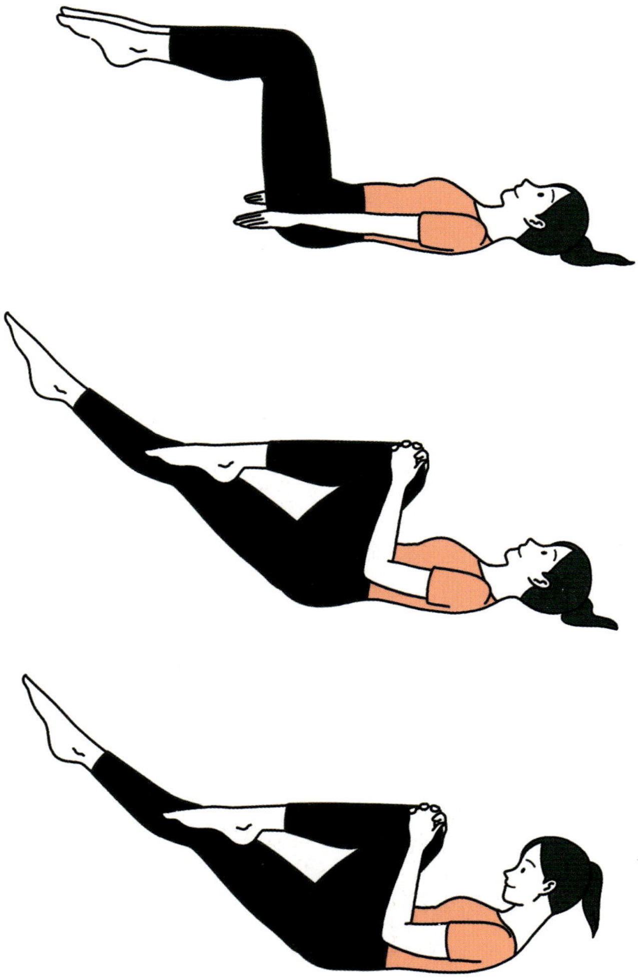

① 바닥에 누워 다리를 어깨너비로 벌리고 90도 각도로 구부려 들어 올리고, 양팔은 몸통 옆에 붙이되 바닥에 닿지 않게 주의한다.

② 숨을 들이마신 후 내쉬면서 오른쪽 다리는 사선으로 뻗고, 왼쪽 무릎을 가슴 쪽으로 당겨 양손으로 잡는다.

③ 숨을 내쉬며 상체를 들어 올린다. 처음 자세로 돌아가고 반대쪽도 실시한다.

2) 캥거루형: 뱃살, 엉덩이 두둑

(1) 체형

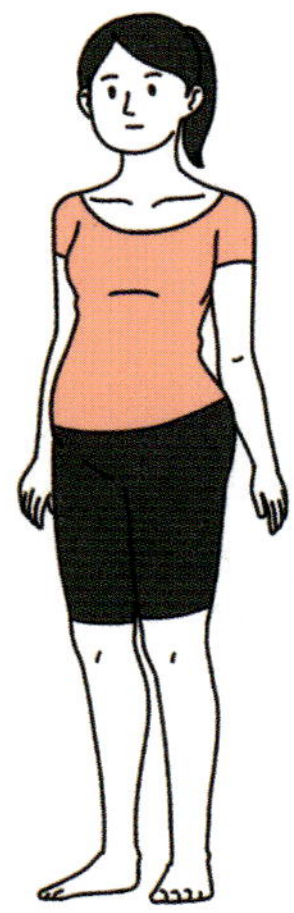

엉덩이가 뒤로 튀어나오고 아랫배가 볼록 튀어나온 체형이다. 평소 굽이 높은 구두를 오래 신거나 의자에 엉덩이를 뒤로 빼고 앉는 습관이 있으면, 골반이 앞으로 기울어지면서 배와 엉덩이가 나오는 자세가 지속된다.

장시간 이런 자세를 취하면 살이 쪄도 복부나 허벅지 주변에만 찌고, 다리에 불균형이 나타날 수 있다.

이 자세만은 하지 말자!

엉덩이를 뒤로 빼고 앉는 자세가 지속되면 상체가 앞으로 굽게 되어 허리 근육이 긴장하므로 요통, 복통, 변비 등이 나타날 수 있다.

(2) 교정 운동

상체 운동: 척추의 유연성과 힘 기르기

(운동 횟수: 10회, 운동 세트: 2세트)

① 무릎을 구부리고 허리를 세워 앉아, 양팔을 가슴 앞으로 자연스럽게 뻗는다.

② 숨을 들이마신 후 내쉬면서 척추를 조금씩 내려놓는다는 느낌으로 상체를 둥글게 말며 내려간다. 45도 각도에서 정지한 후 5초를 유지한다.

③ 숨을 내쉬며 천천히 1번 자세로 돌아간다.

상체, 다리 뻗기 운동: 복부와 다리 근육 강화하기

(운동 횟수: 10회, 운동 세트: 2세트)

① 어깨 아래에 손목, 골반 아래에 무릎을 둔다.

② 숨을 들이마신 후 등을 둥글게 말아 오른쪽 무릎을 가슴 쪽으로 당긴다. 시선도 당긴 무릎을 따라간다.

③ 숨을 내쉬며 오른쪽 무릎을 펴서 다리를 뒤로 길게 뻗는다. 시선은 자연스럽게 정면을 향한다. 양쪽 다리를 10회씩 번갈아 실시한다.

3) 거미형: 전신 비만

(1) 체형

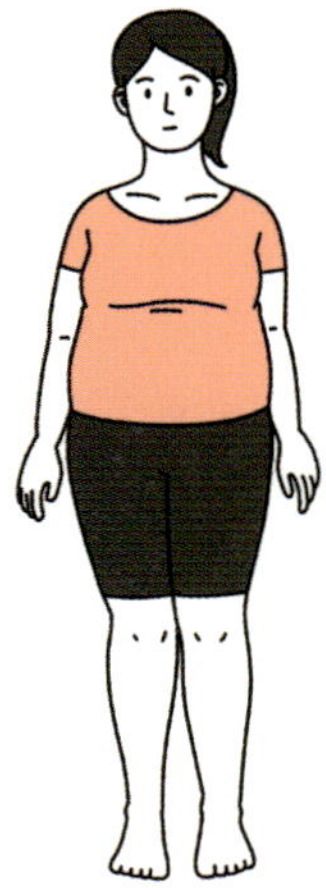

거북이형 자세와 캥거루형 자세를 가진 사람이 체형 문제를 치료하지 않으면, 전신 비만으로 거미형 체형이 나타날 수 있다.

목이 앞으로 나오고 어깨가 굽어 있으며, 엉덩이가 뒤로 튀어나오고 아랫배가 볼록한 전신 비만이다. 몸통 부위가 집중적으로 뚱뚱해져 상대적으로 팔과 다리는 빈약해진다. 잘못된 자세와 운동 부족으로 전체 체형이 변형되어 적극적인 치료가 필요한 유형이다.

망가진 몸과 건강 회복하기

거미형 체형은 내장지방이 많고, 고혈압, 당뇨, 고지혈증 등을 동반하는 경우가 많다. 관절 쪽의 체중 부하로 무릎관절 통증이 같이 나타나기 때문에 체중 감량을 위해 운동을 시작해도 지속하기가 쉽지 않다. 저강도 운동을 꾸준히 하여 체형을 교정해야 한다.

(2) 교정 운동

척추 회전 운동: 허리 유연성과 복부 근력 기르기

(운동 횟수: 5회, 운동 세트: 2세트)

① 바닥에 누워 다리를 직각으로 들고, 양팔을 사선으로 벌린다. 손바닥은 바닥을 향하게 한다.

② 숨을 들이마신 후 내쉬면서 무릎을 오른쪽으로 넘기고, 고개는 반대 방향인 왼쪽을 바라본다. 이때 발이 바닥에 닿지 않게 주의한다.

③ 숨을 들이마시며 1번 자세로 돌아간 후 숨을 내쉬며 반대쪽을 실시한다.

공 구르기 운동: 척추 유연성과 힘 기르기

(운동 횟수: 10회, 운동 세트: 2세트)

① 무릎을 구부려 오금을 양손으로 감싸며, 허리와 발등을 편다.

② 숨을 들이마신 후 내쉬는 숨에 몸을 뒤로 굴린다. 척추를 조금씩 내려놓는다는 느낌으로 등을 둥글게 만다.

③ 숨을 들이마신 후 내쉬는 숨에 복부에 힘을 주어 1번 자세로 돌아간다. 발바닥이 바닥에 닿기 직전에 2번 동작으로 돌아가서 다시 몸을 뒤로 굴린다.

4) 개미형: 하체 비만

(1) 체형

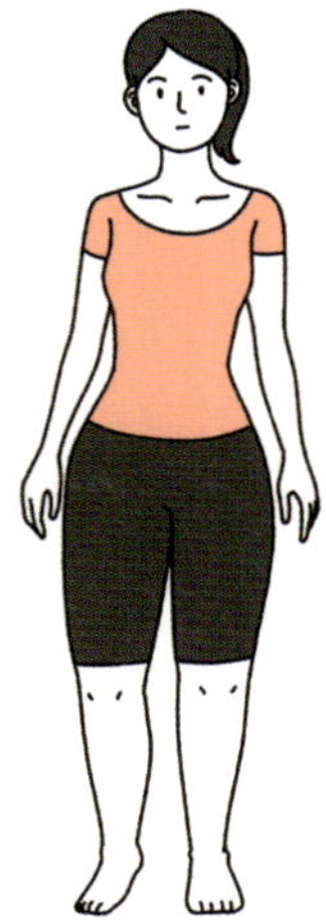

엉덩이와 허벅지가 유독 뚱뚱해 보이는 체형으로, 주로 평소에 오래 서 있는 사람에게 나타난다. 개미형 체형은 지방이 축적된 경우, 근육이 발달한 경우, 골격이 틀어진 경우, 부종이 심한 경우 등으로 나누어진다. 제때 교정하지 않으면 허벅지 양쪽이 더 통통해지며, 엉덩이 아랫부분이 튀어나와 엉덩이가 처져 보일 수 있다. 잘못된 자세와 운동 부족으로 무릎과 발 부위에 통증이 생길 수 있다.

망가진 몸과 건강 회복하기

골격과 자세의 체형 교정만으로도 처진 엉덩이가 올라가고 허벅지가 가늘어질 수 있다. 불균형한 양쪽 골반의 균형을 맞추고 하체의 올바른 순환을 위한 저강도 운동을 꾸준히 실천해야 한다.

Hinterhaus Productions / DigitalVision / Getty Images

(2) 교정 운동

누워서 한쪽 다리 올리기 운동: 고관절과 골반 근육 강화하기

(운동 횟수: 10회, 운동 세트: 4세트)

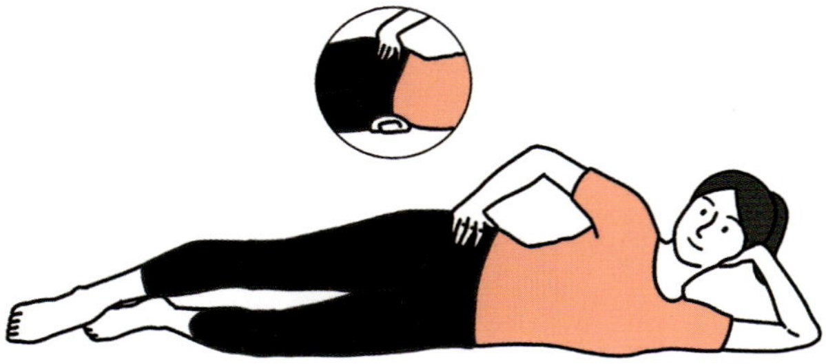

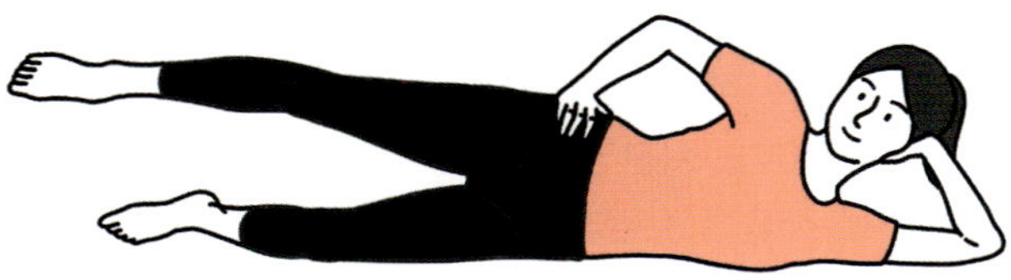

① 옆으로 누워 왼손은 머리를 받치고 오른손은 골반에 올린다. 왼쪽 무릎을 구부리고 오른쪽 다리를 골반 높이에 맞게 쭉 펴서 발을 바닥에 내려놓는다. 발이 바닥에 닿지 않으면 허리 밑에 수건을 받쳐 높이를 맞춘다.

② 숨을 들이마신 후 내쉬는 숨에 오른쪽 다리를 골반 높이까지 들어 올린다. 숨을 들이마시면서 1번 자세로 돌아간다.

③ 10회 1세트를 마친 후 반대쪽도 실시한다.

한쪽 다리 차기 운동: 하체와 복부 근육 강화하기

(운동 횟수: 10회, 운동 세트: 2세트)

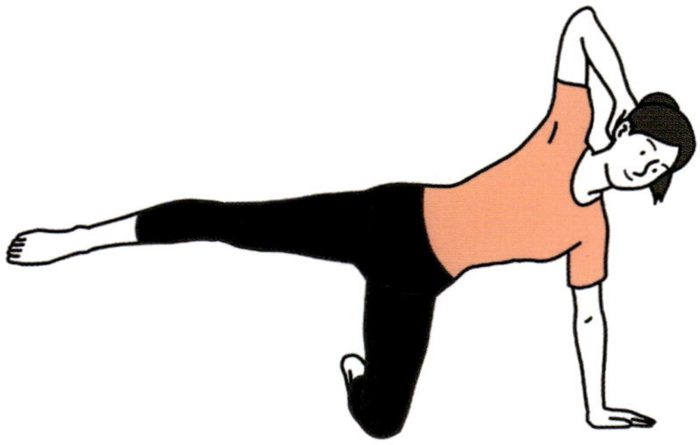

① 왼쪽 다리를 접어 왼쪽 무릎과 왼손으로 바닥을 지지한다. 오른손은 머리 뒤에 받치고 오른쪽 다리는 바닥과 수평이 되도록 들어 올린다.

② 숨을 들이마신 후 내쉬는 숨에 오른쪽 다리를 뒤로 보냈다가 앞으로 찬다. 이때 앞뒤로 차는 다리는 일정한 높이를 유지하며 상체가 앞뒤로 움직이지 않게 주의한다.

③ 10회 1세트를 실시한 후 반대쪽도 실시한다.

05

체형별 결점을 보완하는 스타일 전략

사람마다 체형이 다른 만큼 옷을 입을 때 자신만의 스타일 전략을 세워 체형에 맞는 '핏'을 찾도록 한다.

1) 여성의 체형별 코디 스타일

(1) 삼각형 체형

하체가 발달한 체형이다. 상의는 연한색, 하의는 어두운색의 옷을 입어 상체에 포인트를 주어 밸런스를 맞춘다. 되도록 하체를 최소화하여 상체에 시선이 고정되도록 스타일링한다.

- 상의는 몸매를 드러내는 것을 입되, 하의는 시선을 끌지 않는 어두운색이 좋다.

- 여유가 있는 일자바지, 와이드 팬츠나 롱스커트 등이 좋으며, 다리를 좁아 보이게 하는 바지나 레깅스는 피한다.
- 만일 엉덩이를 더 강조하기를 원한다면, 슬림한 하의를 선택한다.

(2) 직사각형 체형

이 체형은 길고 가는 몸통에 곡선이 부족한 경향이 있으며, '보이시한' 모습이 특징인 경우가 많다.

- 트레이닝복, 배기바지 등 남성적인 스타일의 옷은 피한다.
- 곡선을 강조하기 위해 벨트를 활용하여 허리선을 잡아 준다.
- 팽창 효과가 있는 밝고 따뜻한 원색 계열 옷을 활용한다.

(3) 역삼각형 체형

넓은 어깨는 여성에게 단점으로 작용할 수 있다. 따라서 몸통에 직접적으로 시선이 가지 않도록 하체에 포인트를 주어 스타일링한다.

- 브이넥 셔츠, 긴소매 블라우스나 원피스를 입되, 허리를 죄는 옷과 장식이 매우 많은 옷, 벨트는 피한다.
- 일자바지나 스키니 팬츠보다 나팔바지를 선택하면 넓은 상체와 균형을 맞출

수 있다.

- 골반뼈 아래에 걸쳐 바지를 입으면 몸통에서 시선을 분산시킬 수 있다.

(4) 모래시계 체형

'박스형'으로 보이는 옷을 피하고, 체형의 윤곽을 따라가는 스타일의 옷을 입는다. 보통 맞춤 정장, 복식이 잘 어울린다.

- 헐렁한 옷을 입더라도, 허리의 가장 날씬한 부분, 손목 등에 액세서리를 하여 포인트를 준다.
- 벨트와 허리선을 강조한 옷을 입어 상체와 하체의 균형을 맞춘다.

(5) 둥근 체형

통통함을 커버하기 위해 허리선이 들어간 옷이나 벨트룩을 입는 것이 좋다. 과도한 장식을 피하고, 원색보다는 톤이 조금 다운된 옷이 잘 어울린다.

- 허리선이 높이 있는 원피스를 입어서 신체의 곡선을 좀 더 살려 준다.
- 셔링이 있는 셔츠나 치마를 입으면, 체형이 보정되고 신체의 곡선과도 잘 어울린다.

2) 남성의 체형별 코디 스타일

(1) 삼각형 체형

하체가 발달한 체형이므로, 상대적으로 약한 상체에 포인트를 주어 어깨 쪽으로 시선이 가도록 스타일링한다.

- 상의는 밝고 루즈한 핏이 잘 어울리며, 하의는 상대적으로 타이트한 일자바지와 무채색의 어두운 톤이 좋다.
- 패턴이 없는 무지 티셔츠보다 포인트되는 무늬가 있는 상의를 선택한다.

(2) 직사각형 체형

이 체형은 어깨와 가슴이 적당히 탄탄하고, 비교적 허리와 엉덩이가 가늘고 작아 상체와 하체가 자연스럽게 시각적 균형을 이룬다. 다른 체형보다 다양한 스타일을 무난히 소화할 수 있는 편이다.

- 헐렁거리는 옷보다 몸에 적당히 붙는 핏 되는 스타일이 잘 어울린다.
- 팽창 효과가 있는 밝은 컬러감의 옷, 어깨선이 조금 큰 옷을 선택한다.
- 가로 스트라이프 패턴의 옷을 활용하여 시선을 분산하는 것이 좋다.

(3) 역삼각형 체형

평균 체형에 어깨와 가슴이 넓고 거기에 대비되는 하체가 가는 체형이다. 상체 운동을 많이 한 사람에게 볼 수 있는 체형으로, 상체와 하체의 밸런스를 맞추는 것만으로도 균형 잡힌 몸매로 보일 수 있다.

- 스타일링은 시각적인 균형이 중요하기 때문에 심플한 디테일의 셔츠로 상체를 슬림하게, 하체는 넉넉한 옷으로 풍성하게 표현한다.
- 일반적인 브이넥 티셔츠는 목을 길어 보이게 하고, 가슴과 어깨를 강조하지 않아 부담 없이 입을 수 있다.
- 골반을 더욱 좁게 만드는 스키니진, 어깨가 깊게 드러나는 상의는 피한다.

(4) 모래시계 체형

상체와 하체가 고루 발달한 체형으로, 보통 맞춤 정장과 복식이 잘 어울린다.

- 상의를 선택할 때 어깨선이 잘 맞는지 확인해야 한다. 어깨가 작다면 옷 밸런스가 깨진다.
- 타이트한 핏을 피하고, 일자바지나 루즈한 핏의 바지로 상체와 밸런스를 맞춘다.

(5) 둥근 체형

전체적으로 둥글게 보이는 체형의 특징을 커버하기 위해 몸의 중심부를 슬림하게 보이게 하며 어깨를 강조하는 것이 좋다. 딱 붙는 옷보다는 오히려 여유가 있는 상의, 바지를 선택한다.

- 몸이 좁고 길어 보이게 세로 스트라이프 패턴이나 어두운 컬러로 축소되고 길어 보이게 연출한다.
- 상의와 하의를 비슷한 색채로 연출한 톤온톤 코디와 모자 스타일링이 잘 어울린다.

체형별 스타일링 팁

- 체형에 관계없이 다리가 길어 보이도록 하면 일반적으로 체형이 돋보인다.
- 익숙하게 입어 온 스타일이 아니라고 입지 않으려는 결정은 하지 않도록 한다.
- 상의는 어중간하게 긴 기장보다 엉덩이 위에서 끝나는 것이 좋다.
- 하의와 신발을 비슷한 색으로 매치하면, 다리가 조금 더 길어 보인다.

실습

내 체형에 맞는 스타일 전략 짜기

10

퍼스널 향수
Personal Perfume

1_ 향수의 기원과 중요성
2_ 향수의 분류
3_ 서비스인의 향수 사용법
4_ 향수 취급 유의사항

Personal Perfume

01

향수의 기원과 중요성

향수는 오랜 역사를 거쳐 오늘날에도 남녀를 불문하고 많은 사람들에게 사랑받고 있다. 지구상에 있는 휘발성 물질이 발산될 때 후각신경이 자극을 받아 느끼는 냄새 중에서 인류 생활에 유익하게 이용되는 것을 향이라고 한다.

인간이 향을 최초로 생활에 이용하게 된 것은 지금으로부터 4, 5천 년 전으로 거슬러 올라간다. 제단을 신성하게 여겨 온 고대 사람들은 제단 앞에서 몸을 청결히 하고, 향이 나는 나뭇가지를 태우고 향나무 잎으로 즙을 내어 몸에 발랐다고 한다. 중세시대로 이어져 현대사회까지 향수는 꾸준히 사랑받고 있으며 이미지메이킹의 중요한 요소가 되고 있다.

꽃의 향기가 천 리를 가고 사람의 향기는 만 리를 간다는 '화향천리 인향만리'라는 말이 있다. 사람에게서 느껴지는 인격이 향기로 나타남을 뜻하는 말이다. 자신의 이미지를 좋게 하는 방법의 하나로 자기만의 향을 만들어 보는 것도 좋을 것이다.

1) 향수의 기원

향수(Perfume)는 Per(영어의 Through, ~을 통해서)와 Fume(연기)이 조합된 말로, '연기를 통해서'라는 뜻의 라틴어 'Perfumum'에서 유래했다. 고대의 향료는 훈향(Fulmination), 즉 향을 불에 태워 향취를 내는 종교의식에서 처음 사용되었다.

우리나라에서는 고대사회 종교의식에서 시작하여, 단국 신화에 쑥과 마늘이 등장하는 것으로 보아 고대사회에서 강조된 '향'을 사용한 것으로 추측된다. 서기 372년경에 고구려 승려가, 382년에는 백제 승려가 각각 중국에 파견되었다가 귀국하면서 향료를 반입했다. 삼국시대에 향료 사용은 귀족층에 국한되다가 신라시대 귀부인들이 향낭(香囊)을 몸에 지니면서 대중적으로 사용되기 시작했다고

Peacefoo / iStock / Getty Images Plus

한다.

한편 세계적으로는 건조하고 기온이 높은 지역인 이집트, 사우디아라비아 등에서 땀으로 인한 체취를 없애거나 숨기기 위한 용도로 사용되었다. 고대 이집트에서는 향료를 만드는 최고의 기술을 보유하고, 파라오 왕 즉위식 중 향유를 머리에 붓는 의식이 있었는데 이때 유람선 돛대에 장미향을 듬뿍 적셔 사용했다.

그리스는 동양의 진귀한 보물이 서양으로 통하는 길목에 위치하여 일찍부터 향료를 사용했다. 한때 솔로몬 왕은 향료 과용으로 사회적 물의를 빚게 되자 향수 판매 금지법안을 제시하기도 했다. 로마 향수의 천국이라 불릴 만큼 향료가 대중화되었는데, 방향성 물질을 현재의 알코올과 비슷한 물질 등에 부어 사용했다.

2) 향수의 중요성

현대사회에서 향기는 후각적 기능 외에 그 사람에 대한 이미지로서, 후각으로 시각적 이미지를 창출한다. 목소리나 향기 등은 사람을 오랫동안 기억하게 하는 데 큰 영향을 미치므로 향수는 이미지메이킹의 중요한 요소가 된다. 즉, 향수는 후각적 이미지를 전달할 수 있는 도구로, 비록 눈에는 안 보이지만 자신의 감정과 마음 상태를 안정되고 활력 있게 해 준다. 또한 상대의 기분을 좋게 해 주어 좋은 인상을 심어 줄 수 있는 훌륭한 이미지메이킹 도구가 될 수 있다.

한마디로, 좋은 향기는 대인관계에서 이미지를 후각적으로 긍정적 이미지로 인식시키는 효과가 있다. 따라서 향수는 '보이지 않는 액세서리'라고도 불리며 개인의 이미지를 나타내는 후각적 이미지메이킹 도구라고 할 수 있을 것이다.

02

향수의 분류

1) 원액 함유량에 따른 분류

향수는 향수 원액 함유량(부향률)에 따라 다음과 같이 5가지로 분류할 수 있다. 향수 원액 함유량이 많을수록 향이 강해진다.

향수(Parfum 또는 Perfume)

'액체의 보석'이라 불릴 정도로 향이 가장 풍부하고 완성도가 높은 향수로, 예부터 귀중품으로 취급되어 왔다. 방향제 중에서 15~30%의 향료를 함유하여 농도가 가장 진하며 이로 인해 향수로서의 지속성과 확산성이 가장 탁월하다. 지속 시간은 10~24시간 정도이다.

오데퍼퓸(Eau de Perfume)

10~20%의 향료를 함유한 제품이며, 향수와 오데투알렛의 중간 타입이다. 지속 시간은 5~7시간 정도이다.

오데투알렛(Eau de Toilette)

5~12%의 향료를 알코올에 부향시킨 제품으로, 향수 제품 중 가장 대중적이다. 지속 시간은 3~5시간 정도로 풍부하면서도 상쾌한 향을 맡을 수 있다. 향은 옅은 편이지만 신선하고 상큼하며 간편하게 전신에 뿌릴 수 있어 처음 사용하는 사람에게 적합하며 가장 많이 애용되고 있다.

오데코롱(Eau de Cologne)

부향률이 3~7%로, 사용 후 1~2시간 정도 지속되어 향의 유지 시간이 짧다. 향이 강하지 않아 향수를 처음 사용하는 사람도 부담 없이 사용할 수 있다.

Tetra Images / Getty Images

샤워코롱(Shower Cologne)

부향률이 3~4%로, 낮은 함량의 향료 원액을 함유하여 목욕이나 샤워 후 가볍게 사용하기에 적합하다.

2) 발향 단계에 따른 분류

향수는 수많은 성분이 모여 완성된다. 향수에 사용된 여러 가지 배합 원료나 한 가지 원료로 나타나는 향기에 대한 후각적 인상을 '노트(Note)'라고 한다. 같은 향수라 하더라도 시간과 장소에 따라 다르게 느껴지는 이유는 시간이 지날수록 발향 단계에 따라 향이 다르게 느껴지기 때문이다.

향기의 다양한 표정이라고 할 수 있는 향수의 노트는 탑(Top), 미들(Middle), 베이스(Base)의 3가지로 분류할 수 있다.

- 탑 노트는 향수를 뿌린 후 처음 맡았을 때 느껴지는 향의 첫 느낌으로 휘발성이 강한 시트러스나 그린 등의 향료로 이뤄진다.
- 미들 노트는 알코올이 날아간 다음 나타나는 향취로 대부분 플로럴, 프루티 등의 꽃향과 과일향으로 이뤄지며 하트 노트(Heart Note)라고도 한다.

- 베이스 노트는 여러 시간이 지난 뒤 체취와 섞여 나는 향취로 휘발성이 낮은 무스크, 우디 등의 향료로 이뤄진다. 마지막까지 은은하게 유지되는 향기로 라스트 노트(Last Note)라고도 한다.

발향 단계

단계	설명
탑 노트 (Top Note)	향수를 뿌린 직후부터 알코올이 날아간 10분 전후에 맨 처음 나는 향이다.
미들 노트 (Middle Note)	향수를 뿌린 후 30분에서 1시간 정도 지속되며 안정된 상태의 향이다. 향수의 테마를 이루며 향의 중심이 된다.
베이스 노트 (Base Note)	향수를 뿌린 후 2~3시간 후부터 모든 향이 날아갈 때까지 나는 향으로 개개인의 체취와 어우러져 나는 향이다.

03

서비스인의 향수 사용법

직업 고려하기

향수는 이미지메이킹의 한 수단으로 한 개인 자신을 표현할 뿐 아니라 사회적인 전문성도 표현해 주므로 자신의 직업에 적합한 향수를 선택하는 센스가 필요하다. 세상엔 다양한 직업이 있고 각 직업의 특성 또한 매우 다양하므로 자신의 직업이 활동적인 일을 하는 영업이나 판매직인지, 아니면 학자나 연구원 같이 사회적으로 위엄 있고 권위 있는 직업인지, 또는 자유로움과 창의성이 돋보이는 예술직인지, 평범한 사무직인지에 따라 직업에 적합한 향수를 사용하도록 한다.

승무원은 업무를 하는 데 있어 향수를 필수 휴대품으로 지정하고 있다. 비행 업무를 수행하며 승객과 대화할 때 또는 Aisle을 지나갈 때 객실 승무원의 은은한 향기로 항공사 이미지가 결정되기 마련이다. 향수 사용 시 과하게 진하거나 연하지 않도록 주의해야 한다.

Anchiy / E+ / Getty Images

계절 고려하기

Michelle Garrett / Corbis Documentary / Getty Images

향수에는 봄과 여름, 가을과 겨울에 적합한 향이 각각 있다. 따라서 계절에 잘 어울리는 향수를 선택해 사용하는 것도 개인의 이미지 연출뿐 아니라 패션과 함께 분위기 연출에도 좋은 방법이 된다.

봄은 꽃이 만발하고 흩날리는 시기이다. 봄에는 화사하고 여성스럽고 상쾌한 느낌의 플로럴(Floral) 계열로 달콤한 꽃향기나 상큼한 과일향 등의 향수가 어울린다. 이러한 향은 이미지를 화사하고 발랄하게 만들어 주는 이미지메이킹 효과가 있다. 또 서비스인의 향으로 여성스럽고 우아함을 연출하는 데 적합하다.

Isabel Pavia / Moment / Getty Images

여름은 무더운 날씨에 불쾌감이 상승하는 계절이다. 싱그러운 느낌의 그린(Green), 시원한 바다가 연상되는 아쿠아(Aqua)나 마린(Marine) 계열이나 상큼한 시트러스 향, 혹은 대체로 가볍고 향이 잘 날아가서 잔향이 은은한 향수가 적합하다. 다만 향수가 땀냄새와 섞여 좋지 않은 냄새로 변할 수 있다는 점을 유의한다.

가을은 차분하고 로맨틱하고 우아한 분위기를 연출하기에 좋은 따뜻한 오리엔탈 계열이나 상큼한 시프레(Chypre) 계열이 적당하다. 너무 가벼운 느낌의 향보다는 파우더리한 느낌의 향수가 좋다. 사향 등 동물성 향료로 무게감 있는 향수도 좋다.

마지막으로 겨울은 계절적으로 차갑고 건조하므로 따뜻하고 정열적인 느낌을 연출할 수 있는 오리엔탈 계열이 적합하다. 또 그윽하고 포근한 느낌을 주는 파우더리한 향도 어울리며, 바닐린, 아이리스, 쿠마린 등의 향료도 잘 어울린다.

향수 선택

날씨나 계절에 따라 향수 선택을 달리해야 한다. 날씨가 맑고 통풍이 잘되는 계절에는 향이 쉽게 날아가기 때문에 시원한 향인 마린향이나 지속력이 강한 향수를 사용해야 한다. 반대로 습하고 비가 많이 오는 계절에는 무거운 향이 불쾌감을 줄 수 있으므로 상쾌하고 가벼운 향으로 청량한 느낌을 주도록 한다.

계절에 어울리는 향수 찾기

봄	
여름	
가을	
겨울	

04

향수 취급 유의사항

1) 구매 시 유의사항

성분 확인 후 구입하기

향수에 첨가된 물질 중 '프탈레이트'는 생식기 기능을 저하시키는 발암물질로, 한때 유명 향수에서도 발견되어 파장을 일으켰다. 특히 디부틸프탈레이트(DBP)는 현재 한국식품의약품안전청에서 금지성분으로 규정하므로, 라벨에 '프탈레이트 프리'라고 명시된 향수를 고른다. 또는 무독성(Non-toxic)이나 생분해되는(Biodegradable) 제품을 구입한다.

모방제품 향수인지 꼼꼼히 확인하기

시중에 판매되는 모방 향수는 일반 향수와 향이 비슷하나 더 저렴한 가격에 판매되고 있어 소비자를 현혹한다. 하지만 모방 향수는 첨가물 성분을 확인할 수 없어 피부 트러블 등의 부작용을 일으킬 수 있으므로 진품 여부를 확인하고 구입한다. 가품은 제품명, 용량, 주요성분, 생산연도 등이 불분명하거나 라벨의 인쇄상태가 불량한 경우가 많다.

냄새 제거제와 구분하여 사용하기

데오드란트는 '탈취제', 즉 냄새를 제거해 주는 제품이다. 땀이 나는 것을 막아 주고 냄새를 잡아 주므로 여름철 필수품이다. 데오드란트는 피부가 접힌 상태로 있어 습하고 땀샘이 발달하여 땀이 많이 나는 겨드랑이에 주로 사용한다.

2) 사용 시 유의사항

- 향수는 허리를 경계로 상반신과 하반신의 지속 시간과 효과가 다르므로 소량을 여러 곳에 나눠 뿌려 준다.
- 향이 아래에서 위로 발산되므로 허리 아래선, 즉 허벅지나 무릎 뒤, 발목 등에 뿌려 주면 좋다. 땀이 많이 나는 부위나 겨드랑이에는 향수를 사용하지 않는다.
- 체온이 높고 맥박이 뛰는 곳일수록 잘 확산되며(귀 뒤쪽, 손목, 팔 안쪽), 스프레이 타입은 신체의 넓은 범위나 옷에 분사하는 것이 좋다.
- 옷 또는 액세서리로는 스커트 안쪽 단, 슈트와 넥타이 안쪽, 스타킹 등에 뿌리는 것이 적당하다. 한 번에 두 종류 이상의 향수를 사용하지 않도록 하고, 상처 난 부위나 손상된 피부에는 직접 뿌리지 않는다.
- 보석류는 향수와 닿을 경우 광택을 잃거나 변색되기 쉬우므로 각별히 조심한다.
- 내의류나 블라우스를 다릴 때 다림판 위에 향수를 몇 방울 떨어뜨리면 옷에서 자연스러운 향기가 배어난다.

Aleksandrova Olga / EyeEm / Getty Images

- 향수를 고를 때는 직접 코에 대고 향을 맡지 않는다. 향수는 발향 단계를 거쳐 알코올이 제거되고 난 후의 향이 본래의 향취이므로 블로터 스트립(Blotter Strip, 시향지)을 사용한다.
- 지성 피부인 사람은 복합적인 향보다는 단순한 향을, 강렬한 향보다는 은은한 향을 사용하는 것이 좋다.
- 장소와 복장에 어울리지 않는 향수를 삼가고 남성이 여성용 향수를 뿌린다거나 그 반대의 경우도 삼간다.
- 여러 직업군 중에 특히 식음료 서비스직 종사자는 향수의 사용을 금하며, 고객을 접대하는 서비스 전문인이라면 은은한 정도의 향수가 적당하다.

3) 보관 시 유의사항

온도가 일정하게 유지되는 곳에 보관하기

보통 향수 보관에 가장 적합한 온도는 13~15도 정도이다. 즉, 햇빛이 들지 않고 그늘지며 통풍이 잘되는 곳에 보관해야 한다. 향수 보관 시 온도가 너무 낮으면 향

bonetta / iStock / Getty Images Plus

수의 결정이 분해되어 제대로 발향하지 못하게 된다. 이와 반대로 온도가 높아지면 향수의 원액이 산화되므로 일정 온도를 유지하는 것이 좋다.

향수 사용 후 뚜껑은 반드시 닫기

당연하다고 생각되지만 습관을 들여야 하는 유의사항이다. 향수를 개봉했다면 공기 접촉이 적도록 가급적 뚜껑을 잘 닫는다. 한 번 이상 사용한 향수는 진공상태를 벗어나므로 조금씩 증발하게 된다.

서랍 등 흔들리거나 먼지가 있는 곳 피하기

향수가 흔들리면 공기 방울이 만들어지는 결과를 초래하여 변질될 우려가 있다. 다른 곳에 옮겨 담을 경우, 용기는 플라스틱 재질보다 유리병이 좋다.

11

음성 이미지
Voice Image

1_ 음성과 이미지
2_ 음성의 구성요소와 구조
3_ 내 음성 찾기
4_ 보이스 트레이닝 기초
5_ 보이스 트레이닝 심화

Voice Image

Peter Cade / Stone / Getty Images

01

음성과 이미지

평소에는 논리적으로 자기 생각을 자신 있게 잘 말하다가도 면접을 보는 자리에서는 떨리는 목소리로 말을 더듬고, 그런 자신의 모습에 당황하여 제 역량을 발휘하지 못하는 것을 보면 안타까울 때가 있다. 머릿속에 아무리 좋은 사례, 하고 싶은 말 등을 많이 준비했더라도, 몇 분이 되지 않는 짧은 시간 내에 그것을 제대로 표현하지 못한다면 면접에서 자신을 충분히 알릴 기회를 놓치게 된다. 문제는 똑같은 기회가 두 번 오지 않는다는 것이다.

그래서 이번 과정을 통해 음성 이미지에 대해 알아보려고 한다. 먼저 자기 목소리를 듣고 그에 대한 자가 피드백을 해 본다. 자신의 진정한 목소리를 찾아본 후 스피치할 때 말소리 외에 항상 함께하는 보디랭귀지, 표정 등이 왜 중요한지 이해한다. 목소리를 힘 있고 전달력 있는 목소리로 만들기 위해 보이스 트레이닝을 하고 이것을 실전에 옮겨 호감 가는 음성 이미지를 만들 수 있다.

음성 이미지는 목소리로 말하는 화자가 생각과 감정을 청자에게 음성 언어나 신

체 언어로 표현하는 행위이다. 이때 음성 언어는 입말로 표현하는 구어이며, 신체 언어는 표정, 손짓, 몸짓 따위로 표현하는 몸말을 뜻하는데, 대개의 경우 이 둘이 동시에 사용된다.

음성 이미지란 의사소통의 중요한 수단인 말하기를 통해 상대방에게 의사를 전달하면서 형성되는 이미지상이라 할 수 있다. 이는 목소리를 통해 내면적인 인격의 완성도를 나타내는 척도이며, 개인의 품성, 성격, 직업까지 파악할 수 있기 때문이다.

결국 말은 인간관계 속에서 상대방에게 자신의 생각, 의견, 감정 등을 전하기 위한 소통의 방법이자 음성 이미지를 형성하는 요소이다. 각자 타고난 음성의 질을 바꿀 수는 없지만, 음성의 톤은 훈련을 통해 얼마든지 바꿔 이미지를 변화시킬 수 있다.

02

음성의 구성요소와 구조

1) 음성의 구성요소

음성은 3가지 구성요소로 다음과 같이 음질, 음량, 음폭으로 나눌 수 있다.

- 음질: 목소리의 맑은 소리, 탁한 소리, 허스키한 소리
- 음량: 목소리의 크기
- 음폭: 소리의 높낮이

그리고 음성 이미지를 결정짓는 요소로는 속도, 억양, 리듬감, 강약, 띄어 읽기, 발음이 있다.

속도

속도가 매우 빠르면 내용을 정확하게 전달하기 어렵고, 산만한 느낌을 주어 신뢰감을 주기 어렵다. 너무 느린 속도도 지루한 느낌이 들고 대화에 집중하는 데 어려움을 준다. 이에 말의 속도는 상대에 따라 다르게 하여 상대방이 충분히 이해할 수 있도록 한다.

억양

억양이란 말에 얹혀 나타나는 소리의 높낮이 또는 말의 멜로디를 말한다. 억양은 상대가 원하는 내용에 대해 자신의 관심 정도를 나타낼 수 있으며, 대화 분위기에 활기를 줄 수도 있다. 높음과 낮음이 적당하면 자연스럽고, 정중한 이미지를 준다. 반면에 고저가 없는 억양은 상투적이고 의례적인 느낌을 준다.

리듬감

리듬감은 빠르게 말하다가 조금 느리게, 더 느리게, 갑자기 빠르게, 이런 식의 변화를 주면서 말하는 내용을 효과적으로 전달하는 방법이다. 말의 가락에 변화를 주면 전달력을 향상시킬 수 있는 반면에 리듬이 없다면 전달력이 떨어지고 감정이나 느낌을 전달하기도 어렵다.

강약 조절

말은 핵심 메시지와 이를 보완하는 부분으로 구성된다. 핵심적인 부분에는 힘을 주었다가 보완하는 부분은 약하게 조절하면 좋다. 강약 조절은 의사 전달의 효과를 높이며, 어디에 강약을 두느냐에 따라 말의 의미가 변하기도 한다.

띄어 읽기

어디서 어떻게 띄어 읽느냐에 따라 명확성, 논리성 등에 영향을 미친다. 효과적인 띄어 읽기는 상대방에게 생각할 겨를을 주는 것이다. 말을 잘하기 위해서는 어디서 띄어 읽느냐가 중요하다.

명확한 발음

불명확한 발음은 상대방에게 혼란을 주어 내용을 잘못 전달할 수도 있다. 명확한 발음은 전문가다운 자신감과 명료함의 이미지를 줄 수 있다.

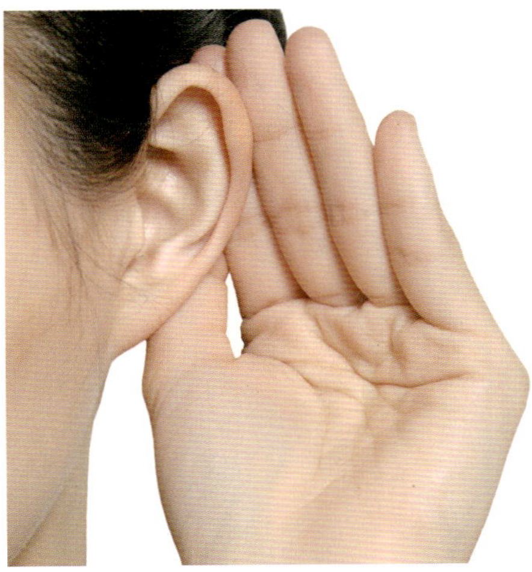

2) 음성의 구조

사람은 소리를 내어 말하고 모든 사람의 음성은 도레미파솔라시도의 7음 안에 포함된다. 아무리 하이톤의 목소리를 내는 사람도 높은 음의 '도'를 넘어가지 않으며 아무리 낮은 음을 내는 사람도 낮은 '도' 아래로 내려가지는 않는다.

목소리의 구조 7음 7색

7음 7색의 목소리에는 희로애락(喜怒哀樂)이 담긴다. 어떤 음으로 말하는지에 따라 전달되는 느낌이 다르다. 슬플 때 말하는 음과 기쁠 때 말하는 음, 자신 있게 말하는 음과 자신 없이 말할 때의 음은 미묘한 차이를 낸다. 내 목소리는 어느 음일까? 서비스할 때 음의 높이는 어디가 좋을까? 면접에서는 어떤 음과 색으로 말해야 효과가 있을까?

03

내 음성 찾기

1) 자신이 듣는 목소리와 상대방이 듣는 목소리는 다르다

2014년 서울신문의 내용을 인용하면, 소리가 전달되는 경로가 다르기 때문에 자신이 귀로 듣는 목소리와 녹음해서 듣는 목소리가 다르며 녹음해서 듣는 목소리를 낯설게 느낀다고 한다.

녹음된 소리를 듣는 것은 진동음이 제거된 채 오직 스피커를 통과하여 나오는 음파를 듣는 것이라고 한다. 남들이 듣는 내 목소리는 녹음기를 통해 듣는 내 목소리와 가깝다고 한다. 그래서 서울신문은 "발성 연습을 통해 목소리를 바꾸려고 한다면 자기 목소리를 녹음해 한 번쯤 들어보는 것이 좋다"고 조언한다.

2) 내 목소리 자가 진단

자기 목소리를 들어본 적 있나요? 그렇다면 "이게 내 목소리야?"하고 자신의 목소리가 낯설어 당황한 적은 없나요? 실제로는 귀로 듣는 자기 목소리와 녹음으로 듣는 자기 목소리가 다르다. 상대방에게 들리는 내 목소리는 어떨까?

이번에는 다음 순서를 따라 자신의 음성을 녹음해 들어 보고 자가 피드백을 해 본다. 우선 제시어 중에서 하나를 선택하여 가볍게 스토리텔링을 준비하고, 각자가 발표하는 동안 휴대폰 녹음 기능을 사용하여 스피치를 녹음하자.

- 다음 제시어 중에서 하나를 선택한다.

동아리	생일	친구	운동	자동차
휴대폰	여행	가족	책	드라마

- 1분 정도의 스토리텔링을 준비한다.(5분)
- 휴대폰을 활용하여 녹음 준비를 한다.
- 한 사람씩 발표한다.(1분)

스피치를 하기 전에 직접 녹음해서 들어 본 자신의 말하는 스타일과 억양, 목소리 크기 등에 대해 자가 피드백을 해 보자.

☞ 다음의 '스피치 Self Check/Feedback'을 활용한다.

스피치 Self Check/Feedback

스피치 Self Check

1	내 목소리는 7음 7색 중 어디에 속하는가?	
2	발음이 명확한가?	
3	목소리에 자신감이 있는가?	
4	호흡이 적당한가?	
5	내용의 전달력이 있는가?	
6	말끝을 흐리지 않고 명확하게 마무리하는가?	
7	중간중간 제스처를 사용하며 자연스러운가?	
8	준비한 내용을 잘 전달했다고 생각하는가?	

스피치 Self Feedback

내가 들어 본 내 목소리는 어떠한가?

내 스피치에 점수를 준다면 몇 점인가? 그 이유는 무엇인가? (10점 만점 기준)

내 스피치의 장점은 무엇인가?

내 스피치의 단점은 무엇인가?

내 스피치의 보완점은 무엇인가?

훈련을 통해 목소리가 변할 수 있는가?

04

보이스 트레이닝 기초

1) 호흡

목소리의 3요소는 호흡, 발음, 발성이다. 이중 가장 중요한 것은 무엇일까? 바로 호흡이다. 호흡이 원활하지 못하면 힘 있는 목소리를 내기 힘들며 힘 있는 목소리를 내지 못하면 명확하게 발음하기도 힘들 것이다. 그래서 가장 기본적인 것이 호흡이라고 할 수 있다. 호흡을 잘하기 위해서는 흉식호흡이 아닌 복식호흡을 활용한다.

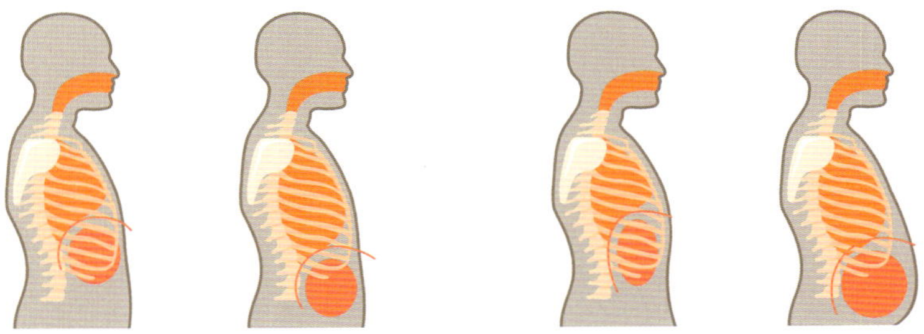

S-S-S / iStock / Getty Images Plus

흉식호흡　　　　복식호흡

흉식호흡은 숨을 쉴 때 가슴이 부풀면서 호흡하는 것이다. 가슴이 부풀어 호흡을 하게 되면 배는 쏙 들어가면서 어깨가 올라간다. 흉식호흡을 반복하게 되면 숨이 차면서 금방 힘이 드는 것을 알 수 있다. 이때 목소리를 내게 되면 목에 힘이 들어가면서 목으로 말하게 된다.

반면 복식호흡은 깊고 느린 심호흡이다. 복식호흡은 체력이 약해도 여유롭게 말할 수 있는 호흡법이다. 복식호흡을 하면 숨을 들이마셨을 때 배가 앞으로 쭉 나오고 숨을 내쉬었을 때는 배가 안으로 쏙 들어간다. 함께 연습해 보자.

(1) 복식호흡 훈련

기본 자세

① 의자에 앉아 허리를 쭉 편다.

② 배꼽 위에 두 손을 모아 올려놓는다.

③ 5~10초 동안 천천히 코로 공기를 들이마신다.

④ 공기를 배 쪽으로 몰아서 배가 부풀어 오르도록 한다.

⑤ 배가 부풀어 올랐는지 확인한다.

⑥ 숨을 마시고 내쉬는 사이 2~3초 동안 호흡을 멈추고 멈춘 상태를 유지한다.

⑦ 배가 최대한 쏙 들어가도록 손으로 배를 누르며 5~10초 동안 숨을 내쉰다.

깊은 들숨과 날숨 연습

① 숨을 코로 들이마신다.

② 배를 부풀린다.

③ 입으로 숨을 내쉰다.

④ 배를 집어넣는다.

호흡 집중 연습

이번에는 호흡에만 집중하여 다음 순서대로 천천히 5세트를 해 본다. 복식호흡은 스트레스의 적당한 해소에도 도움이 된다.

① 4초간 숨을 들이마시고 4초간 숨을 참은 다음 4초간 내쉰다.
② 4초간 숨을 들이마시고 8초간 내쉰다.
③ 4초간 숨을 들이마시고 4초간 내쉰다.
④ 빨리 숨을 들이마시고 빨리 내쉰다.

(2) 각티슈를 활용한 호흡 훈련

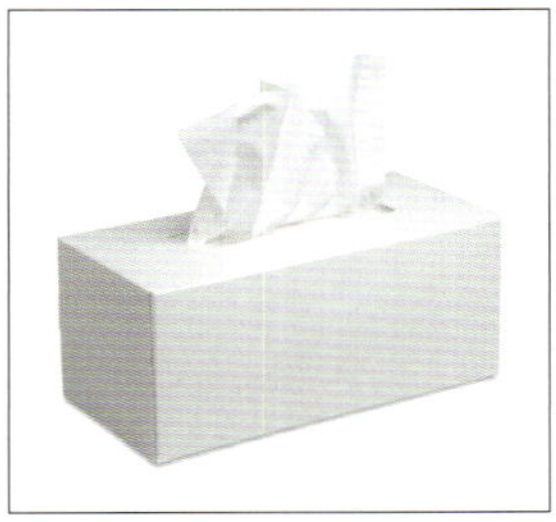

studiocasper / E+ / Getty Images

① 각티슈를 한 장 준비한다.
② 휴지 양끝을 잡아 입술 근처에 댄다.
③ 복식호흡을 하며 '후'하고 10초 동안 숨을 내뱉는다.
④ 숨을 10회로 나눠 '후' '후'하고 조절하며 내뱉는다.
⑤ 호흡을 짧게, 길게 하면서 길이를 조절한다.

(3) 페트병(풍선)을 활용한 호흡 훈련

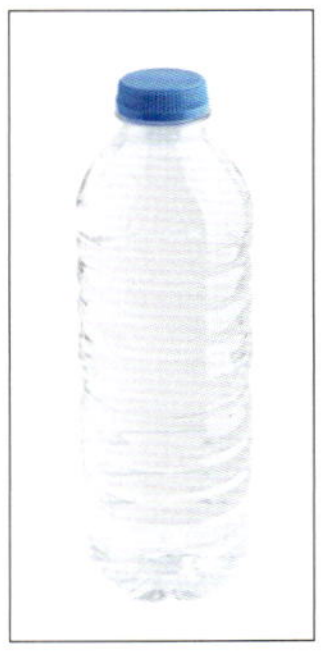

Yevgen Romanenko / Moment / Getty Images

① 페트병 안의 공기를 힘껏 마셔서 페트병을 찌그러뜨린다.
② 페트병 안에 다시 공기를 빠르게 불어넣는다.
③ 5초 동안 페트병 안의 공기를 천천히 마신다.
④ 2초 동안 멈춘다.
⑤ 5초 동안 페트병 안에 공기를 천천히 내뱉는다.

긴 호흡을 위해 남자는 60초 이상, 여자는 40초 이상 숨을 참는 연습도 함께하면 폐활량을 증가시키는 데 도움이 된다.

2) 발성

호흡을 통해 들숨과 날숨이 이루어질 때 성대를 이용해 소리가 나는 것을 '발성(Phonation)'이라고 한다. 한마디로, 발성은 소리의 크기를 말한다. 크고 울림이 좋은 목소리를 내려면 입 모양이 중요하다. 입 모양을 관찰할 수 있도록 손거울을 준비한 후 입을 크게 벌려 입안을 보기 바란다. 입을 벌릴 때와 하품을 할 때 어떤 차이가 있는지 입안의 목젖 부분을 살펴보자.

힘 있고 전달력 있는 목소리를 내기 위해서는 목의 아치를 크고 둥글게 만들어 주는 것이 중요하다. 성악가들이 노래하는 모습을 관찰해 보면 입 모양을 최대한 크게 벌리고 소리를 밖으로 내는 것을 알 수 있다. 입 모양은 발성에 큰 영향을 준다.

목소리는 타인과 소통하는 중요한 도구이다. 안정감과 신뢰감 있는 목소리로 말하고 싶다면 자신에게 들리는 목소리보다 한 톤을 더 낮춰 말하는 연습을 한다. 급하게 바꾸려고 하지 말고 차분하게 꾸준히 발성하는 습관을 들이도록 노력하자.

(1) 편안한 발성 훈련

목소리에 울림을 주는 발성 연습

① 입안에 공기를 가득 넣고 소리를 내 본다.
② 입을 다물고 입천장과 혀가 최대한 떨어지게 한다.
③ 양옆에 사탕을 물었다고 생각하며 공간을 확보한다.
④ '음'하는 소리를 내며 입안의 울림을 확인한다.
⑤ '음' 다음에 '가'부터 '하'까지 천천히 소리를 내 본다.

음~~~가 음~~~나 음~~~다 … 음~~~하

연습할 때, 잊지 말고 배에 힘을 준다. 의식적으로 목에 힘을 준 다음, 배에 힘을 주고 발성을 해 보면 그 차이점을 알게 된다. 분명 목에서 나는 소리와 배에서

나는 소리는 다르다. 배에서 나는 소리는 울림이 있고 듣기가 훨씬 편하고 좋다.

3) 발음

목소리가 아무리 매력적이고 예쁘더라도 발음이 정확하지 못하다면 감정이나 내용이 상대방에게 전달되지 않는다. 주변에서 구할 수 있는 도구를 활용하여 명확한 발음을 일상생활에서도 연습해 보자.

(1) 탁구공을 활용한 훈련

① 탁구공이나 티슈 여러 장을 준비한다.
② 티슈는 여러 장을 겹쳐 동그랗게 말아서 탁구공 크기로 만든다.
③ 준비한 것을 반쯤 입에 넣어 찌그러지지 않게 살짝 문다.
④ '아, 에, 이, 오, 우'를 반복해 연습한다.
☞ 준비물이 찌그러지지 않게 주의한다.

© Getty Images Bank

(2) 목소리 훈련

가장 중요한 것은 입 모양을 크고 정확하게 만들어 소리를 내는 것이다. 손거울을 앞에 놓고 자신의 입 모양을 보면서 소리를 내 본다.

(3) '아, 에, 이, 오, 우' 훈련

가장 먼저 '아, 에, 이, 오, 우'를 소리 내 보자. 입 모양이 가장 중요하다. '아, 에, 이, 오, 우'를 할 때 목이 열린 '아'의 입 모양에서 목의 모양이나 입안의 공간을 유지하면서 입술과 혀를 움직여 준다. 발성 연습을 할 때 자기 상태에 따라 자신에게 필요한 부분을 연습하는 것이 좋다.

'아, 에, 이, 오, 우'를 다음 요령에 따라 천천히 워밍업한다. 잘 안되는 부분을 집중적으로 연습해 보자.

아: 입을 상하좌우로 크게 벌려 3초 동안 소리를 낸다.

에: 그 상태에서 입을 옆으로 더 벌려 3초 동안 소리를 낸다.

이: 치아가 보이도록 입을 벌려 3초 동안 소리를 낸다.

오: 입술을 동그랗게 모아 3초 동안 소리를 낸다.

우: 윗입술을 코쪽으로 올린 상태에서 3초 동안 소리를 낸다.

'아, 에, 이, 오, 우'를 천천히 소리 냈다면, 이번에는 바로 아래에 있는 단어들이 또렷하게 들릴 수 있도록 연습한다.

아기	에누리	이마	오리	우산
아직	에어	이발소	오이	우수리
아들	에다	이장	오늘	우리

(4) 요지나 나무젓가락 물고 발음하기

이쑤시개나 나무젓가락을 활용하여 발음을 연습하는 방법으로, 개그맨 김병만 씨가 발음 연습을 하며 효과를 봤다는 기사가 날 정도로 일반적으로 많이 사용하는 방법이다. 이쑤시개나 나무젓가락을 입술에 무는 것이 아니라 송곳니 정도에 문 채 다음 글자를 읽는다.

PhanuwatNandee / iStock / Getty Images Plus

가 갸 거 겨 고 교 구 규 그 기 나 냐 너 녀 노 뇨 누 뉴 느 니

다 댜 더 뎌 도 됴 두 듀 드 디 라 랴 러 려 로 료 루 류 르 리

마 먀 머 며 모 묘 무 뮤 므 미 바 뱌 버 벼 보 뵤 부 뷰 브 비

사 샤 서 셔 소 쇼 수 슈 스 시 아 야 어 여 오 요 우 유 으 이

자 쟈 저 져 조 죠 주 쥬 즈 지 차 챠 처 쳐 초 쵸 추 츄 츠 치

카 캬 커 켜 코 쿄 쿠 큐 크 키 타 탸 터 텨 토 툐 투 튜 트 티

파 퍄 퍼 펴 포 표 푸 퓨 프 피 하 햐 허 혀 호 효 후 휴 흐 히

읽다 보면 입, 볼, 턱이 아파 온다. 입에 바람을 넣어 풀어 주고 턱 아래 근육도 만져서 부드럽게 해 주고 볼의 근육도 풀어 주자. 이쑤시개나 나무젓가락을 입에 물고 읽게 되면, 발음이 부정확하게 나온다. 그럼에도 발음을 최대한 명확하고 또렷하게 하겠다는 목표로 연습한다. 꾸준히 반복하면 발음이 정확해지는 효과를 볼 수 있다.

(5) 이쑤시개나 나무젓가락 물고 문장 읽기

기본 발음 연습 후 다음 단계로, 이쑤시개나 나무젓가락 등을 입에 물고 문장을 정확히 읽는 연습을 해 보자. 하루 10분 정도 꾸준히 한다면 정확히 발음하는 데 도움이 되며 사투리 억양 등의 교정에도 효과적이다.

들의 콩깍지는 깐 콩깍지인가 안 깐 콩깍지인가.
깐 콩깍지면 어떻고 안 깐 콩깍지면 어떠냐.
깐 콩깍지나 안 깐 콩깍지나 콩깍지는 다 콩깍지인데

간장 공장 공장장은 강 공장장이고
된장 공장 공장장은 공 공장장이다.

내가 그린 기린그림은 잘 그린 기린그림이고
네가 그린 기린그림은 잘 못 그린 기린그림이다.

생각이란 생각하면 생각할수록 생각나는 것이 생각이므로
생각하지 않는 생각이 좋은 생각이라 생각한다.

(6) 한쪽 다리 들고 신문 등 책 읽기

한쪽 다리에 힘을 싣고 한쪽 다리를 든 상태로 서 있어 보자. 힘이 분산되면서 힘이 실리는 곳이 있을 것이다. 어디에 힘이 실리는지 느껴 본다. 힘을 실은 다리와 배에 자동으로 힘이 들어갈 것이다. 한쪽 다리로 중심을 잡고 힘을 실은 상태에서 복식호흡을 하며 책에서 발췌한 다음 내용을 읽어 본다. 바로 앞에 상대방이 있다고 생각하며 전달될 수 있는 목소리 크기로 자신 있게 낭독해 본다.

> 매우 매력적이며 현실적인 목표를 가진다.
> 오늘의 자신, 지금의 자신을 출발점으로 삼는다.
> 현재의 일을 최후의 일이라 생각하고 몰입한다.
> 하나의 일을 끝냈을 때 훌륭한 성공 체험을 얻는다.
> 자신만의 개성적인 매력을 가진다.
> 타인과 비교하지 않는다.
>
> – 로버트 H. 슐러

05

보이스 트레이닝 심화

1) 강조를 위해 활용하는 '잠깐 멈춤'

호흡을 조절하며 낱말 앞에서 띄어 읽기와 잠깐 멈춤(Pause, 포즈)을 하는 것은 특별히 강조할 내용을 효과적으로 전달하는 방법이다. 띄어 읽기와 잠깐 멈춤을 연습해 보자.

강조를 위한 일반적인 띄어 읽기

- 항상 ∨ 신데렐라는 새어머니와 언니들에게 ∨ 최선을 다해야 한다.
- 신데렐라는 언제나 ∨ 가족의 편의를 위해 ∨ 노력하지 않으면 안 된다.

감정과 의미를 강조하는 띄어 읽기

- 신데렐라는 ∨ 항상 새어머니와 언니들을 위해 ∨ 희생을 해야 한다.
- 신데렐라는 진심으로 ∨ 무도회에 가고 싶지만 ∨ 갈 수가 없었다.

말의 속도가 빠른 사람은 문장과 문장 사이에 한 번 숨을 쉬는 정도의 잠깐 멈춤을 하여 완급을 조절하는 연습을 하기 바란다. 잠깐 멈춤은 하던 말을 잠시 멈추고 침묵하는 것을 말한다. 강조하고 싶은 단어 앞에서 짧게 잠깐 멈춤을 하면 그 단어가 강조되며, 그동안 상대방은 말하는 사람에게 집중하게 된다.

- 스피치는 생각하는 것이 아니라 (짧게 멈춤) 실천하는 것입니다.
- 현대인에게 가장 중요한 능력은 무엇일까요? (길게 멈춤) 바로, 자기 표현력입니다.

짧게 멈춤(또는 짧은 포즈)과 길게 멈춤(또는 긴 포즈)은 차이가 있다. 길게 멈춤은 1~3초 정도의 멈춤을 말하며, 자신에게 상대방을 집중시키고자 할 때, 긴장감이나 기대감 또는 전달력을 높일 필요가 있을 때 많이 활용한다.

잠깐 멈춤(Pause)으로 강조와 전환하기

- 중요한 얘기를 하기 전의 잠깐 멈춤: 긴장감 유도
- 중요한 얘기를 한 후의 잠깐 멈춤: 핵심 메시지 재상기

2) 부분을 강조하는 방법

붉은색으로 표시한 단어를 강조하기 위해 목소리의 완급을 조절하여 세고 여리게, 길고 짧게 읽어 보자.

- 항구에 있는 배는 안전하지만 그것이 배를 만든 이유는 아니다.
- 항구에 있는 배는 안전하지만 그것이 배를 만든 이유는 아니다.
- 항구에 있는 배는 안전하지만 그것이 배를 만든 이유는 아니다.
- 항구에 있는 배는 안전하지만 그것이 배를 만든 이유는 아니다.
- 항구에 있는 배는 안전하지만 그것이 배를 만든 이유는 아니다.

붉은색 단어를 강조하여 읽게 되면 그 단어를 중심으로 의미가 전달된다. 문장이 똑같지만 강조하는 단어가 무엇이냐에 따라 주된 의미가 달라지는 것을 생각하면서 연습한다.

3) 정확한 의미 전달을 위한 억양 연습

평상시에 하는 말끝의 억양을 생각하면서 다음 지시대로 연습해 본다. 말끝의 억양에 따라 자신의 의도와 상관없이 의미가 전달될 수 있음을 염두에 두고 연습을 하면서 느껴 본다.

- 공손한 말투로: “네, 그렇게 할 수 있을까요?” (끌어들인다)
- 관심이 없는 듯: “글쎄, 그렇게 할 수 있을까?” (흐려지도록)
- 의문시/부정하듯: “아. 그렇게 할 수 있을까요?” (물어보듯이)
- 대등하게 따지며: “그럼, 그렇게 할 수 있을까?” (밀어 주듯이)

이처럼 내용이 같지만 전달하는 의미가 다르다. 다음과 같이 같은 말을 5가지 유형의 대답으로 다르게 말해 보면 이 사실을 바로 알 수 있다. 같은 단어임에도 불구하고 어떤 의미를 상대방에게 전달하는지 의미를 생각하며 연습해 보자.

4) 음량으로 감동 전달하기

“네, 잘 알았습니다” “네, 선생님~” “감사합니다”

- 긍정적인 대답
- 부정적인 대답
- 건성으로 하는 대답
- 신경질적인 대답
- 무심한 듯한 대답

이번에는 음량을 연습한다. 다음 순서대로 가볍게 목을 푼 후에 긴 문장의 글을 읽어 보자. 목소리를 통해 느낌을 전달하는 방법으로 체계적으로 목소리를 가다듬는 연습을 한다.

- 전신을 가볍게 흔들고 목과 얼굴 부분을 풀어 준다(1~3분).
- 호흡과 발성 연습으로 발성을 준비시킨다(5~8회).
- ‘마–메–미–모–무’ 등 발음이 어려운 모음을 연습한다(1~2분).
- 음정 ‘도–미–솔–미–도’를 이용하여 목소리를 다듬는다.
- 노랫말의 음정이나 ‘아~’를 이용하여 음량을 살려 준다.

다섯 가지 연습으로 목의 긴장을 풀었다면, 음량을 살려 웅변하듯 다음의 장문을 읽어 본다.

아, 위선자들아! 너희는 하늘과 땅의 징조는 알면서도, 이 시대의 언론과 대중의 습성을 왜 알지 못한단 말이냐? 이는 곧 자기만의 아집에 집착되었음이라. 너희 같은 위선자들의 정치인은 국민들로부터 버림을 받을 것이다. 겉으로 옳은 사람처럼, 잘하는 것처럼, 민초를 생각하는 것처럼, 그러한 태도는 그만 보여라! 언제나 진정한 민초의 지도자를 만날 수 있으랴? 너희들을 위해 얼마나 많은 사람들이 죽었으며, 핍박을 당했느냐? 그것을 안다면 좀 더 가깝게, 좀 더 민초답게 자상하게, 서민 대중을 위하여 공개적으로 투명하게 이 시대를 이끌어 가야 한다.

실습

내게 필요한 보이스 트레이닝

12

온라인 이미지
Online Image

1_ 온라인 이미지의 중요성
2_ 미디어 채널 분석
3_ 미디어 퍼스널 이미지
4_ 온라인 이미지 연출

online image

01

온라인 이미지의 중요성

디지털 기술의 발전은 정보의 단순한 디지털화를 넘어 기존의 미디어 수용자가 직접 미디어 커뮤니케이션에 참여하도록 끊임없이 유도하고 있다. 즉 그들은 콘텐츠를 소비하는 동시에 생산하는 미디어 프로슈머(Prosumer)로 등장하면서, 기존 커뮤니케이션의 패러다임을 빠르게 변화시키고 있다.

특히 디지털 커뮤니케이션 방식에 익숙한 디지털 네이티브 세대들은 전통 방식의 면대면 소통보다는 네트워크 연계로 가상공간에서 마주하는 불특정 대상과 즉각적이고 복합적인 상호 소통을 선호한다.

이처럼 오늘날 미디어 사용자는 온라인이라는 공간에서 물리적 제약 없이 새로운 방식의 커뮤니케이션 네트워크를 구축하며 언제, 어디서든 필요한 정보와 메시지를 교환하며 소통할 수 있게 되었다.

또한 소셜미디어를 이용하는 사용자들은 누구나 퍼스널 미디어를 구축하는 커뮤니케이션 영역에 참여하는 단계에 이르렀다. 즉, 오늘날 디지털 네이티브 세대는 퍼스널 미디어 플랫폼을 매개로 다음 활동을 수행한다.

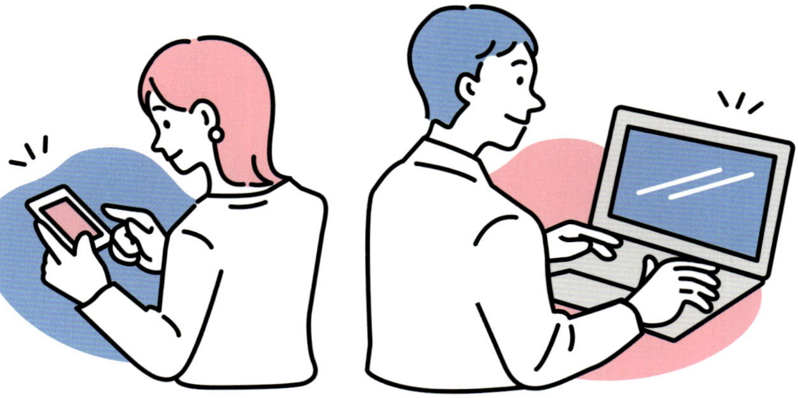

첫째, 자신만의 개성을 표현하는 장으로서 미디어 플랫폼을 활용하여 자아를 표현한다. 둘째, 미디어 플랫폼을 매개로 가상의 대상과 커뮤니티를 구성하기 위하여 자아와 별개의 이미지를 생성하여 소통한다. 셋째, 소셜 네트워크로 연결된 가상의 커뮤니티에 대한 신뢰가 형성되어 이는 개인적 감정과 경험을 공유하며 공감대를 형성하는 핵심 주체로 부상하고 있다.

이에 퍼스널 미디어 플랫폼에 의해 전달되는 퍼스널 브랜딩 콘텐츠의 중요성을 인식하고 미디어 속에서 표현되는 이미지 연출에 필요한 요소를 알아본다.

02

미디어 채널 분석

미디어 이론가인 볼터와 그루신(J. Bolter & R. Grusin, 1999/2006)이 제안한 '재매개(Remediation)' 개념에 따르면, 새롭게 등장하는 미디어는 각각 기존의 미디어를 대체하거나 보완하면서 새로운 커뮤니케이션 형식으로 자리 잡는다. 각각의 미디어는 개별적으로 존재하지 않고 통시적 관계를 맺으며 새로 등장하는 미디어로 완전히 대체된다기보다 상호보완적으로 각 상황적 맥락에 적합한 방식으로 '재매개'하며 진화한다.

글자, 그림, 인쇄에서 전기 미디어(전화, 카메라, TV)와 멀티미디어, 스마트 미디어까지, 발전한 형태의 미디어 테크놀로지는 점차 시간적, 공간적 한계를 극복하기 위해 기존 미디어와 공존하며 미디어 융합을 이룬다. 미디어의 형식 및 기술적 특성이 사회, 경제 상황을 반영하는 동시에 사회, 경제적 측면에는 미디어 형식 및 기술적 특성이 반영되기 때문이다.

현시대의 인터넷 네트워크 기술 확장으로 등장한 모바일 커뮤니케이션은 시공간을 넘어, 현실과 가상이 이어지며 공존하고, 인간–사물–데이터가 연결되어 확장되는 초연결 사회를 반영하고 있다. 마찬가지로 이어지는 사회적 맥락에 따라 미디어를 이용하는 사람들의 커뮤니케이션 형식과 기술적 수단의 변화에 상호 영향을 미치고 있다.

컴퓨터, 스마트폰 등 디지털 기기를 접하며 성장한 MZ 세대는 성인이 되어 디지털 미디어를 접하게 된 기성 세대와는 다른 삶의 양식을 지니며, 다른 방식으로 생각 및 행동하고 소통한다.

마크 프렌스키(Marc Prensky)는 국제적으로 유명한 교육자이자 미래학자로, 2001년 '디지털 원주민(Digital Native)'과 '디지털 이민자(Digital Immigrant)'라는 신조어를 만들었다. 그는 '유비쿼터스(Ubiquitous) 환경에서 자란' 디지털 네이티브가 네트워크를 당연시 여겨 각종 정보 및 콘텐츠에 실시간으로 접근하여 이를 공유하고, 즉각적으로 반응하며, 텍스트, 이미지, 영상 등의 복합적 멀티콘텐츠를 선호하고, 멀티채널 및 멀티태스크에 익숙하여 업무와 놀이를 동일시하는 성향이 있다고 규정했다.

실제로 2020년을 기준으로, 변화한 미디어 환경을 접하면서 자라 디지털 네이티브로 칭해지는 연령층(~35세)의 국내 인구가 총인구의 약 52%를 차지했다. 이들은 TV, 컴퓨터의 미디어 사용을 보완, 대체하는 스마트 미디어와 네트워크에 의해 등장한 삶의 형식과 고유의 특성을 지니면서 사회 전반적으로 새로운 사회 문화적 맥락을 형성하고 있다.

일상생활에서 필수적인 매체(N=전체 조사 대상 가구원, 단위: %)

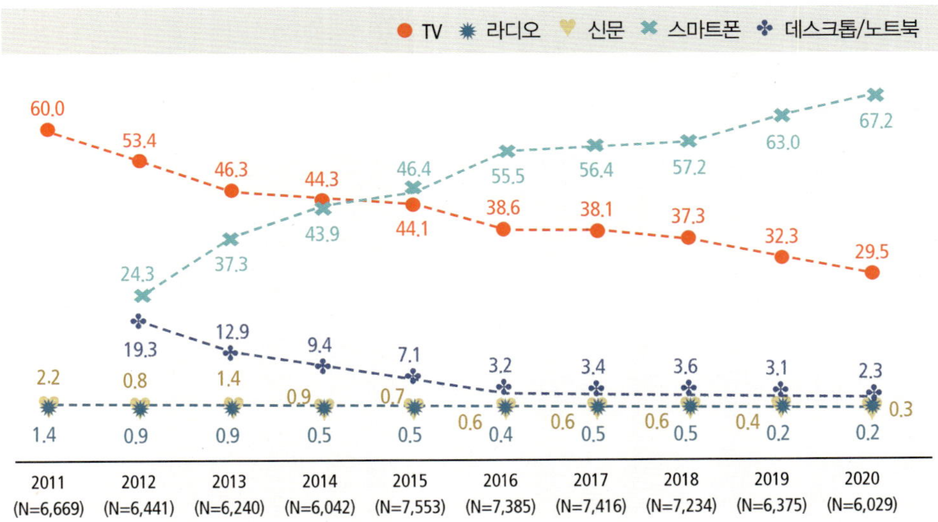

(출처: 방송통신위원회, 2020 방송매체 이용행태 조사)

최근 10년간 방송매체 이용행태를 조사한 정보통신정책연구원(2020)에 따르면, 국내 미디어 이용자의 일상생활에서 필수적인 매체로 스마트폰(67.2%)이 가장 높고 그다음으로 높은 TV(29.5%) 매체는 점차 줄어드는 경향이다.

연령대별 TV/스마트폰의 이용 빈도(단위: %)

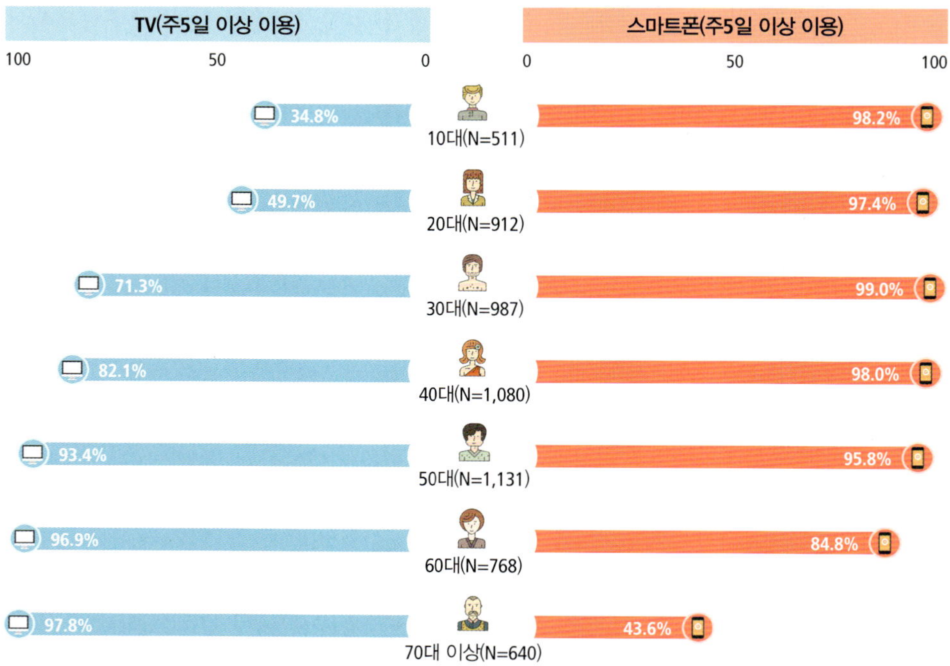

(출처: 방송통신위원회, 2020 방송매체 이용행태 조사)

연령대별 TV와 스마트폰의 이용 빈도를 보면, 대부분의 연령층에서 압도적으로 스마트폰의 이용 빈도가 높은 것으로 나타났다. 기존 세대와 MZ 세대 간의 디지털 이용 격차가 사라지면서 10~50대에 이르는 연령대의 사람들은 단순히 필요한 정보 검색과 콘텐츠 소비의 범위를 넘어 다양한 방식으로 디지털을 이용하며 스스로 적극적으로 지식과 경험, 감정 등을 공유하거나 정보 콘텐츠를 재생산하는 프로슈머의 역할을 하고 있다.

또한 네트워크 연결을 바탕으로 언제 어디서나 불특정 다수와 상호 소통을 이루며 관계를 형성한다. 예를 들어, 연남동의 맛있는 음식점에 방문한 사람은 음식 사진과 함께 맛 평가를 정리한 콘텐츠를 업로드하며 자신의 경험과 감정을 공유하고, 동일한 관심사를 지닌 사람들과 소통하며, 디지털 미디어를 매개로 정보 및 콘텐츠에 접근하여 현실 세계에서의 인간관계를 가상 미디어 커뮤니티로 확장하고 있다.

03

미디어 퍼스널 이미지

미디어 퍼스널 이미지는 개인이 지닌 고유의 이미지를 미디어를 통해 표현하는 것이다. 전통적인 방식으로는 내적 이미지, 외적 이미지를 직접 커뮤니케이션을 통해 상대방에게 자신만의 아이덴티티가 반영되도록 전달했다면, 현대사회에서는 미디어를 통해 전달하고 있다. 한 장의 사진과 한 줄의 문구로 나타낸 자신의 이미지를 불특정 다수에게 전달하는 플랫폼의 역할을 하므로 온라인 퍼스널 이미지의 관리가 무엇보다 중요한 시대가 되었다.

윌리엄 리처드 스코트(W. Richard Scott, 1966) 교수는 이미지의 구성요소를 구분하여 감각적으로 인지된 정보와 의미를 구성하는 인지적 요소(Cognitive Components), 감정적 맥락과 이어지는 감정적 요소(Affective Components), 이미 형성된 이미지를 통해 개인이 어떻게 반응하는지 형상화되는 행위적 요소(Active Components)로 정의했다.

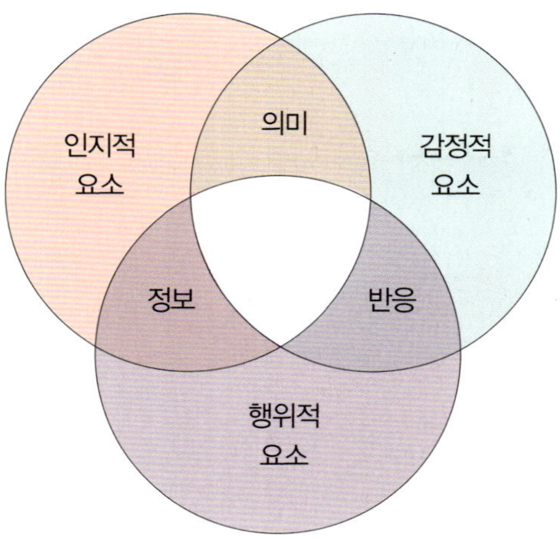

이미지 구성요소의 시각적 구체화

이에 원하는 미디어 퍼스널 이미지를 구축하기 위해서는 이미지를 구성하는 각 요소가 복합적으로 상호작용하며 시각적으로 구체화되는 과정이 필요하다.

한국언론진흥재단의 '2022 10대 청소년 미디어 이용 조사'에 따르면, 10대는 하루 평균 인터넷 이용 시간이 (2022년 기준) 약 8시간으로 주로 모바일 인터넷을 이용하며, 주요 이용 서비스는 메신저 활용으로 카카오톡(95.3%), 인스타그램(52.3%), 페이스북(30%) 등을 사용한다고 응답했다. SNS 활용으로 인스타그램(81.6%)을 주로 사용하는 것으로 조사되어 메신저 및 SNS 활용에서 인스타그램은 가장 활용도 높은 미디어가 되었다.

10대 주요 이용 서비스(2022년 기준, 단위: %)

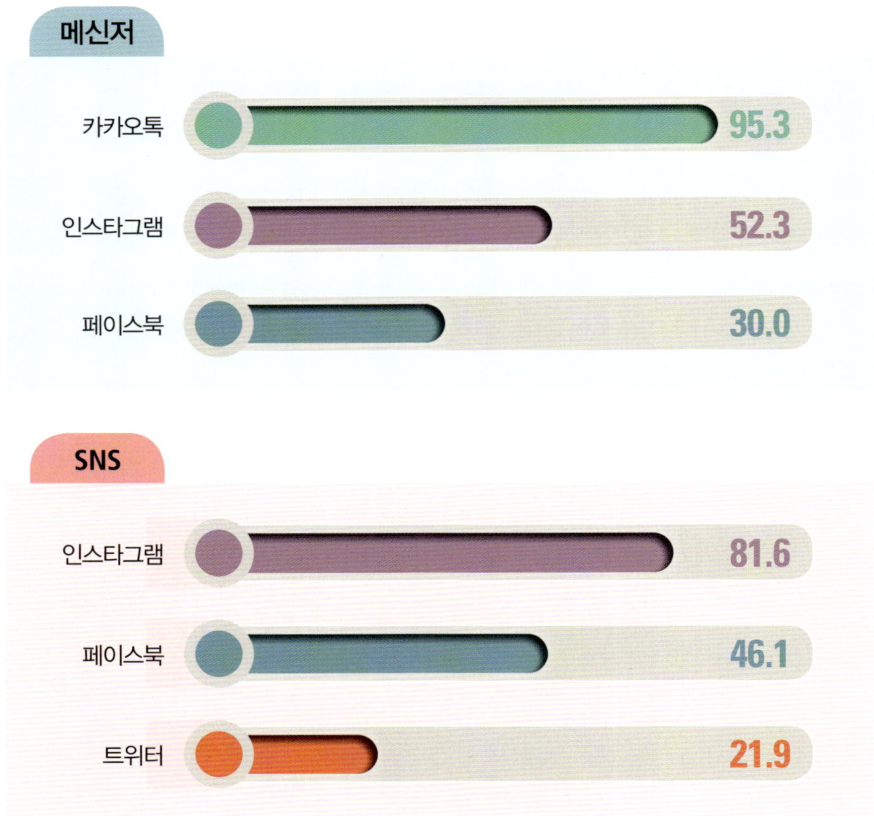

(출처: 한국언론진흥재단)

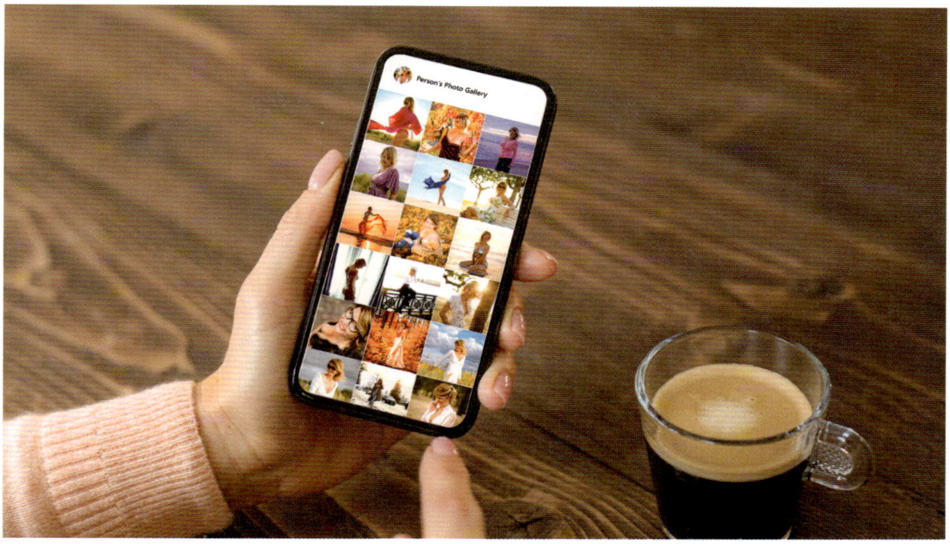

이처럼 절반 이상의 미디어 이용자가 모바일 인터넷을 통해 SNS를 사용하고 참여한다는 사실을 알 수 있다.

이들은 디지털 미디어를 통해 온라인 퍼스널 이미지를 생성하여 커뮤니케이션을 구축하려 한다. 그러므로 가족, 친구, 지인 등 오프라인 주변인을 주로 친구로 추가하고 연결하는 페이스북이 아니라, 개인이 선호하는 관심 대상을 팔로우/팔로잉하고 이미지, 영상의 복합적 콘텐츠를 통해 스스로 자신이 추구하는 퍼스널 이미지를 반영하는 미디어 플랫폼을 이용하여 자유롭게 소통하는 인스타그램을 대상으로 온라인 퍼스널 이미지메이킹을 구성하고 있다.

인스타그램의 경우, 개인정보, 영상/이미지, 설명(태그, 위치 등), 피드백(좋아요, 댓글, DM), 팔로우/팔로잉의 기능으로 구성되어 있다. 개인정보에 이름, 소개, 프로필 사진을 저장하면 자신의 미디어 퍼스널 플랫폼이 마련된다.

이용자는 정사각형 프레임의 대칭 이미지/영상을 찍어 20개 남짓의 카메라 필터를 적용한 후 짧은 텍스트와 함께 콘텐츠를 포괄하는 #태그를 업로드하여 자아를 표현한다. 기본적으로 동일한 포맷으로 제공되는 인스타그램의 단순한 인터페이스에서 개개인은 타인과 차별화된 방식으로 자신만의 이야기가 담긴 아이덴티티를 구성한다.

04

온라인 이미지 연출

온라인이라고 해서 첫인상의 중요성이 간과될 수는 없다. 오히려 현실보다 더 감각적이고 즉각적인 온라인 세계에서 프로필을 통한 첫인상은 결정적 역할을 한다. 서로의 얼굴을 볼 일 없는 상대방에게 프로필 사진은 자신의 진짜 모습으로 각인될 수 있다.

1) 카메라 촬영 용어정리

SNS 사진은 주로 휴대폰을 사용하여 촬영하거나 어플을 이용하여 편집하는 경우가 대다수이지만, 기본적인 카메라 렌즈의 사용법을 이해하면 원하는 프로필 사진 촬영에 활용할 수 있다. 이에 카메라 촬영과 관련된 용어와 그 활용법을 알아본다.

- 렌즈화각: 화각이란 카메라 렌즈를 통해 들어오는 장면 시야의 각도이다.
- 초점거리: 카메라의 이미지센서부터 렌즈의 제2주점까지 거리이다.
- 이미지센서: 디지털카메라에서 필름 기능을 하는 것으로 풀프레임이라고 부른다. 풀프레임을 제외한 나머지 크롭센서들은 사이즈가 다양하다.

초점거리가 일정할 때 이미지센서 크기가 작아지면 화각도 좁아진다.

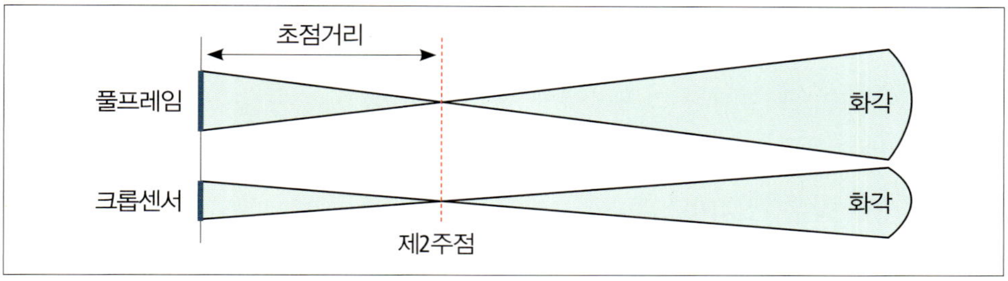

이미지센서 크기가 같으면 초점거리가 짧아지며 화각이 넓어진다.

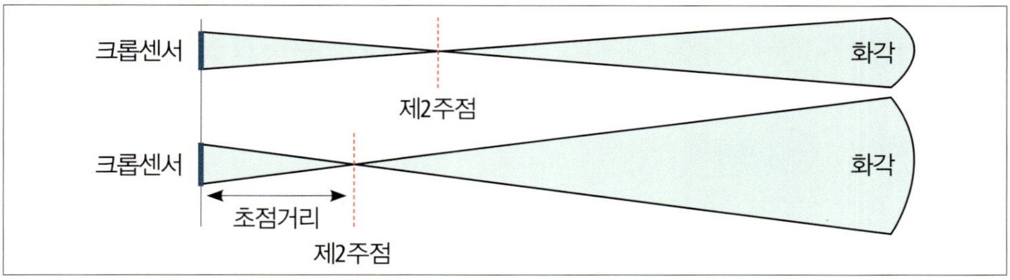

보통 렌즈를 지칭할 때 화각으로 부르지 않고 초점거리로 표현한다. 화각은 이미지센서의 크기에 따라 각도가 변해서 풀프레임과 크롭바디에서 각기 다른 이름으로 불리기 때문이다. 하지만 초점거리는 풀프레임과 크롭바디에서 같은 이름으로 사용할 수 있다.

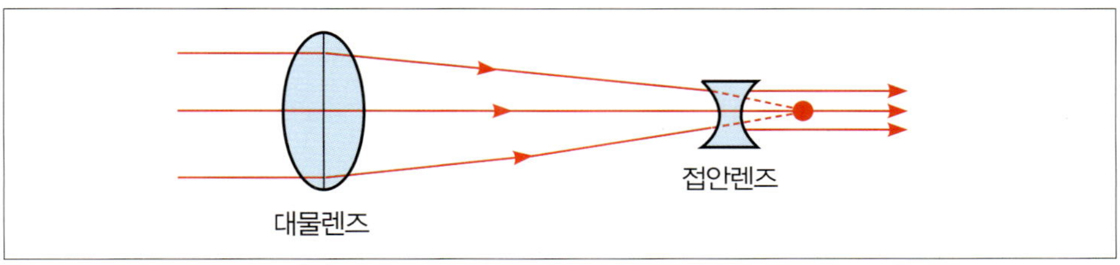

- 초점: 광선이 렌즈에 입사하게 되면 어느 한 곳에 빛들이 모이게 되는 점이다.
- 접안렌즈와 대물렌즈 위치를 조절하여 초점을 맞춘다.
- 피사계 심도: 초점이 맞은 것으로 간주할 수 있는 그 범주이다.

사진작가 제프 칼슨(Jeff Carlson)은 피사계 심도 촬영을 하면 자연 풍경 중 꽃만 초점이 맞고 나머지는 아웃포커싱된다고 설명한다. 피사체를 강조하고 싶을 때 피사계 심도는 이미지에서 중요한 것이 무엇인지를 알아차릴 수 있게 해 주는 촬영 기법이다.

Iliana Mestari / Moment / Getty Images

2) 대상별 촬영 기법

온라인 업로드용 사진을 찍을 때 중요한 것은 내가 어디에서 무엇을 하는지 보여준다는 점이다. 카페, 음식, 장소 등 타인과 공유할 때 공감과 '좋아요'를 유도할 수 있다. 이처럼 화각이 넓은 스마트 카메라는 온라인 업로드에 필요한 사진 촬영에 적합하게 발달되었다.

(1) 인물 촬영

상반신 위주로 촬영한다면 바스트샷 혹은 웨이스트샷 촬영을 추천한다. 카메라 위치는 아래에서 위로 촬영하여 머리 위의 공간을 충분히 남기도록 한다. 카페 같은

Oscar Wong / Moment / Getty Images

Ippei Naoi / Moment / Getty Images

공간이면 실내 인테리어, 야외라면 하늘 풍경 또는 날씨가 사진에 담길 수 있게 촬영하면 분위기를 연출할 수 있다.

카메라를 보는 것이 어색하거나 정면 얼굴에 자신이 없다면, 시선 방향으로 여백을 넓게 준다. 이 기법으로 촬영 시 정방형보다는 3:2 혹은 9:16 비율의 가로 사진으로 하여 사람의 시선 방향으로 여백을 넓게 준다.

Dmytro Buianskyi / iStock / Getty Images Plus

배경보다 자신의 모습이나 표정을 더 중요하게 여긴다면 연속촬영으로 순간을 포착하는 기법을 추천한다. 날씨, 분위기, 장소, 조명에 따라 연속적으로 변화하는 표정의 순간을 잡으려면, 한 장의 사진을 얻기 위해 수백 장의 사진을 찍어야 할 수도 있다.

Thomas Barwick / Stone / Getty Images

셀카로 인물 사진을 찍을 때는 휴대폰을 정면으로 응시해야 좋은 결과물을 얻는다. 업로드용 사진은 불특정 다수에게 소통의 이미지를 보여 주는 것이니 카메라를 응시하고 촬영한다.

SolStock / E+ / Getty Images

(2) 동물 촬영

통계청은 총가구 중 20%를 표본으로 선정하여 5년마다 인구주택총조사를 실시하는데, 2020년에는 반려동물 문항이 신규로 추가되었다. '2020 인구주택총조사'에서는 총가구 중 15%인 312만 9천 가구가 반려동물을 키우는 것으로 나타났다.

반려동물은 가족의 일원으로서 자신을 나타내는 이미지가 되었고, 이에 반려동물 촬영은 온라인 이미지 연출에도 빠질 수 없는 일상이 되었다. 반려동물 촬영에

Iryna Khabliuk / EyeEm / Getty Images

Michael Sugrue / Stone / Getty Images

서 가장 어려운 점은 순간을 포착해야 한다는 것이다. 동물의 특성상 원하는 포즈를 취하거나 촬영 준비가 될 때까지 가만히 있지 못하기 때문에 사진을 찍기가 매우 까다롭다. 하지만 한 장의 사진으로 매력 있는 이미지를 연출할 수 있으니 인내심을 갖고 동물의 시선에 맞게 촬영해 본다.

촬영에서 동물의 매력을 어필하려면 자세를 낮추어 앵글을 동물의 시선에 맞추어 본다. 자연광으로 동물의 자연스러운 행동을 촬영하면 다양한 표정과 동작을 앵글에 담을 수 있다.

빠르게 움직이는 동물을 촬영하려면 그 움직임을 따라갈 수 있는 빠른 초점이 필요하므로 셔터 속도를 높여 동물의 다이내믹한 움직임을 포착한다. 몸을 긁거나, 기지개를 펴거나, 몸을 떨어내는 과정에서 순간을 포착하여 자연스러운 움직임을 촬영하면 멋진 순간이 담길 것이다.

Philip Thompson / EyeEm / Getty Images

Artur Debat / Moment / Getty Images

(3) 음식 촬영

음식에 초점을 맞추어 찍을 때는 입체적으로 보이도록 빛의 방향이 중요하다. 빛의 방향은 순광, 역광, 측광, 사광, 역사광으로 분류할 수 있는데, 그중 피사체의 뒤쪽 45도와 90도에서 빛이 들어오는 역사광과 역광이 음식 사진을 찍는 데 가장 적합하다.

diane39 / iStock / Getty Images Plus

식당에서 음식 사진을 찍을 때는 창가나 조명이 비스듬하게 비치는 장소에서 촬영하는 것이 좋다.

식탁 분위기와 전체 메뉴가 보이도록 촬영하려면 구도를 잘 잡아야 한다. 전체적인 테이블 분위기를 담기 위해서는 음식을 내려다보는 탑뷰로 구도를 잡는다. 이때 음식이 담긴 접시를 V자 형태로 배치하고 물잔, 냅킨, 책, 꽃 등 소품을 배치하여 분위기를 연출한다.

d3sign / Moment / Getty Images

음식에 집중된 촬영을 원한다면 삼분할 교차점에 피사체를 위치시키고 위아래 각도의 변화를 주면서 구도를 찾아본다. 촬영 각도가 45~70도일 때 가장 안정된 느낌을 줄 수 있으니 안정감과 입체감 사이에서 자신이 원하는 분위기와 구성을 찾아본다.

Phngs' Phanthu Kes' Prathum / EyeEm / Getty Images

스마트폰의 접사 기능을 활용하면 음식 사진의 디테일과 감성을 추가할 수 있다. 접시에 담긴 음식이 아닌 접시의 문양이나 카메라 각도를 낮춰서 음식을 집는 장면에 초점을 맞추고 뒷배경을 아웃포커싱하여 촬영하면 사진에 생동감을 주고 집중력을 높일 수 있다.

Alexander Spatari / Moment / Getty Images

실습

인물/동물 촬영하기

실습

온라인 이미지 만들기

호감과 신뢰를 높이는 이미지메이킹 자격증 과정

직업 세계는 기술 발전과 사회 변화, 경제 동향 등의 영향을 받는다. 신생 산업과 최신 기술의 등장, 사회 구조의 개편, 세계 경제와 연동하여 움직이는 국내 산업의 추이 등은 우리 생활에 깊숙이 침투하여 일상 생활은 물론이고 직업 생활을 변모시키고 있다. 따라서 직업 세계의 정보를 획득하여 능동적이고 효과적으로 대응하는 것은 직업을 준비하고 있는 청년만이 아니라 직업 생활을 영위하고 있는 직장인에게도 중요한 의의가 있다.

앞으로 우리나라의 산업 구조는 보다 고도화될 것이며, 그중 서비스 산업의 비중은 계속 높아질 것으로 전망된다. 소득 수준의 향상으로 서비스 질과 다양성에 대한 국민의 욕구가 높아지면서 제조업을 지원하는 서비스 산업이 비약적으로 발전할 것이다. 서비스 산업 가운데 취업자 수가 빠르게 증가할 업종으로는 사업 지원 서비스업, 여행 알선, 창고 및 운송 관련 서비스업, 항공 운송업, 영화, 방송, 공연 산업 등이 있다.

특히 고객 만족을 위한 기업 경영은 해외 직접 투자의 성장과 더불어 국내 경쟁 무대가 확장되어 국경을 초월한 글로벌 경쟁 상황에 직면하게 되었다. 결국 주도면밀하게 변화를 주시하며 발 빠르게 대처하는 기업과 직업인만이 심화하는 치열한 경쟁에서 살아남을 것이다. 이 같은 시대적 배경에서 '고객 만족' 부문은 기업 경영에서 재무, 마케팅, 인사 등과 같이 별개의 기능(Function)으로 자리 잡아 가고 있으며 고객 만족에 대한 전문성을 함양하는 체계적인 교육과 경영인이 절대적으로 필요하게 되었다.

그렇다면 서비스 전문인으로서 개인이 미래 직업 생활에서 주도적으로 활동하려면 어떠한 준비를 해야 할 것인가? 프로테우스식 경력을 갖춘다면 변화하는 환경에 맞게 자신의 인생과 경력을 변화시킬 수 있다. 이를 위해서는 끊임없이 학습하며 직업에서 요구하는 자격을 갖춰 나가야 할 것이다. 이에 이미지메이킹 자격증 과정을 소개한다. 다방면에서 활용 가능한 자격증을 통해 서비스 전문가로서 자신의 역량을 마음껏 펼칠 수 있을 것이다.

진로 및 전망

- 기업체 사내 강사
- 기업체 이미지 컨설팅
- 기업체 출강 프리랜서
- 시설교육 전임 및 파트너 강사
- 대학 면접 특강 강사
- 면접 이미지 컨설턴트
- 퍼스널 이미지 컨설턴트
- 개인 홍보 및 스피치 컨설팅

활용 유형

- 퍼스널 컬러리스트
- CS 강사
- 샵마스터
- 승무원 및 병원 코디네이터
- 고객 응대 직종 종사자
- 취업 면접과 대학교 면접 응시자

본 교재로 이미지메이킹 교육과정 수업을 들은 학습자는 다음과 같이 수료증 발급 및 자격증 응시가 가능합니다. 자세한 사항은 다음 메일주소로 문의주세요. (lavia21@naver.com)

이미지메이킹 수료증

- **수료증명:** 이미지메이킹
- **발행처:** 라비아
- **발급요건:** 본 교재로 이미지메이킹 교육과정 수업을 이수한 자
- **발급료:** 무료
- **신청방법:** 신청서 작성〔이름(국문/영문), 생년월일, 소속(학교, 기관, 개인), 연락처〕 → 이메일 접수(lavia21@naver.com) → 수료증 발급
- **기타 문의:** lavia21@naver.com

이미지메이킹 자격증

- **자격증명:** 이미지메이킹 1급
- **발행처:** 라비아
- **발급요건:** 본 교재로 이미지메이킹 교육과정 수업을 이수한 자 중 검정시험 성적 70점 이상인 자
- **검정기준:** 이미지메이킹 전문가로서 필요한 이미지메이킹 지식과 실무 내용을 이해하고 이미지메이킹 인적 자원을 개발할 수 있는 능력 검정
- **검정방법:** 100% 온라인 시험
- **검정과목:** 총 3과목, 각 20문항이며 70점 취득 시 합격
  - **이미지 이해와 분석(20문항):** 이미지의 개념, 이미지 분석
  - **실전 이미지 I (20문항):** 보이스 이미지, 커뮤니케이션
  - **실전 이미지 II (20문항):** 퍼스널 컬러, 4계절 타입
- **검정료:** 10,000원
- **발급료:** 60,000원
- **신청방법:** 신청서 작성〔이름(국문/영문), 생년월일, 소속(학교, 기관, 개인), 연락처〕 → 이메일 접수(lavia21@naver.com) → 검정료 결제 → 시험문제 발송(구글폼) → 발급료 결제 → 자격증 발급
- **기타 문의:** lavia21@naver.com

참고문헌

강남순(2009). 헤어 업스타일의 볼륨의 크기와 효과에 관한 연구. 한국미용예술학회지, 3(2), 99–107.

고구레 다이치(2018). 알기 쉬운 설명의 규칙(학교에서는 가르쳐 주지 않는다). 지상사.

권대익(2021). 스마트폰 달고 사는 당신, '거북목증후군' 됩니다. 한국일보.

권지우, 윤상웅(2020). 네일 미용사실기. 에듀웨이.

김영주(2019). 거북목 예방과 관리방법. 한국스포츠정책과학원.

김태연(2020). 관상 경영학: 돈, 사람, 성공이 따르는 사람들의 비밀. 비즈니스북스.

김형미, CJ프레시웨이(2012). 500칼로리 다이어트: 먹기만 해도 살 빠지는 비밀 레시피. 싸이프레스.

김혜정(2017). 옷을 입다: 패션 에디터 하구의 코디 제안. 뜨인돌.

노희영, 김용선 외(2009). 실용메이크업. 광문각.

뜨인돌(2017). 옷을 입다. 뜨인돌.

문석기(2021). 핏블리의 헬스 다이어트 전략집: 운동 생리학 · 스포츠 영양학에 기초한 실전 트레이닝 가이드. 비타북스.

민방경(2019). 2020 에듀윌 미용사 네일 실기 단기끝장: 네일아트 실기 교재. 에듀윌.

민병조(2017). 통증 제로 홈트: 신체나이 10살 젊어지는 부위별 스트레칭. 이덴슬리벨.

박효원(2021). 미용사 메이크업 실기. 성안당.

백경진(2013). 한국여성의 얼굴이미지 유형별 형성요소와 메이크업 디자인의 효과. 연세대학교 대학원 박사학위 논문.

손지연(2012). 얼굴형과 헤어스타일에 따른 이미지 지각 연구. 건국대학교 대학원 박사학위 논문.

송미연(2006). 체형교정다이어트. 비타북스.

송미연(2012). 빠지지 않는 뱃살, 캥거루형 체형의 운동법. 헬스조선.

송미연(2012). 팔다리는 가늘고 몸통은 점점 비대해지는 거미형 체형의 운동법. 헬스조선.

송미연(2012). (평생 살 안 찌는 몸 만드는) 체형 교정 다이어트: 체형별 8주 완성 프로그램. 비타북스.

송미영(2005). 얼굴의 형태적 특성과 메이크업에 따른 얼굴이미지 연구. 경성대학교 대학원 박사학위 논문.

양정순(2010). 6가지 얼굴형에 어울리는 화장기법과 헤어스타일의 이미지 지각에 관한 연구. 원광대학교 대학원 박사학위 논문.

여경자, 도주연(2013). 살롱 UP-style의 앞머리 디자인에 어울리는 얼굴형. 한국엔터테인먼트산 업학회논문지, 7(3), 41-51.
오경화, 김정은 외(2014). 패션 이미지업. 교문사.
온도니(2020). (내 몸에 딱 맞는 교정 운동으로) 바르게 설 수 있다. 북스고.
우에모리 미우(2020). 숨만 잘 쉬어도 뱃살이 빠진다: 4만 명이 증명한 기적의 뱃살 다이어트. 스몰빅라이프.
우지은(2014). 30일 완성 목소리 트레이닝보이스 컨설턴트 우지은의 호감형 목소리 만들기. 위즈덤하우스.
이승헌(2011). 바른자세. 체형사상학회.
이승희(2017). 운동이라는 것을 한번 해보자!: 용자의 365 다이어트. 21세기북스.
이연희(2003). 색채화장이 얼굴이미지 지각에 미치는 영향: 유행 예측색을 중심으로. 성신여자대학교 대학원 박사학위 논문.
이영훈(2019). 기적의 식단: 저탄수화물 고지방 다이어트의 비밀. 북드림.
이은경(2017). 퍼스널 컬러 진단 이분류에 따른 메이크업 디자인 형성요인 중 형태와의 관련성. 성결대학교 석사학위 논문.
임건희(2011). (하루 3분) 페이스 다이어트: 연예인도 탐내는 조막만 한 동안의 비밀. 비타북스.
임유정(2019). 임유정의 목소리 트레이닝. 원앤원북스.
장승재(2021). 슬기로운 집콕 스피치: 코로나로 지친 당신의 일상을 깨우다. 시간의물레.
정진호(2016). 피부가 능력이다: 피부가 젊으면 인생이 즐겁다. 청림라이프.
주연빈(2014). 얼굴형의 특성을 보완한 헤어스타일 연구. 동신대학교 대학원 석사학위 논문.
최희정(2018). 한 그릇 집밥 다이어트 레시피(2주 완성 먹으면서 빼는 다이어트 식단) - 가정, 요리. 비타북스.
최희정(2021). 한 그릇 밀프렙 다이어트 레시피 한 번 만들어 일주일이 가벼운 12주 다이어트 식단. 싸이프레스.
패션전문자료편찬위원회(1997). 패션전문자료사전. 한국사전연구사.
한보현(2009). 이미지 상승효과를 위한 메이크업 스타일 연구: 얼굴형을 중심으로. 성신여자대학교 대학원 박사학위 논문.
황지연(2016). 얼굴과 신체 정보가 귀여움 판단에 미치는 영향. 이화여자대학교 대학원 석사학위 논문.

저자 약력

김선정

경희대학교 일반대학원 관광학 박사
대한항공 객실승무부 객실승무원
한양여자대학교 호텔관광과 겸임교수
위컨설팅 대표
현) 한국관광대학교 항공서비스과 전임교수
서비스경영학회 학계이사
한국마이스관광학회 학계이사

임은정

경희대학교 일반대학원 관광학 박사
대한항공 객실승원부 부사무장
중국 동방항공 객실승무원
중부대학교 항공서비스학 전공 조교수
현) 한양여자대학교 항공과 조교수
사단법인 한국호텔외식관광경영학회 상임이사(편집위원)
사단법인 한국관광연구학회 이사

안인숙

건양대학교 글로벌호텔관광학과 석사
건양대학교, 선문대학교, 중부대학교 강사
리더스아카데미 서비스교육원 원장
태국 타이항공 객실승무원 연수과정 운영
현) 주식회사 라비아 대표이사

부록

1_ 네일

2_ 립

3_ 컬러칩

4_ 넥타이

봄
Spring
Spring
Spring
Spring
Spring
Spring
Spring
Spring
Spring

여름
Summer
Summer
Summer
Summer
Summer
Summer
Summer
Summer
Summer

가을
Autumn
Autumn
Autumn
Autumn
Autumn
Autumn
Autumn
Autumn
Autumn

겨울
Winter
Winter
Winter
Winter
Winter
Winter
Winter
Winter
Winter

봄
Spring

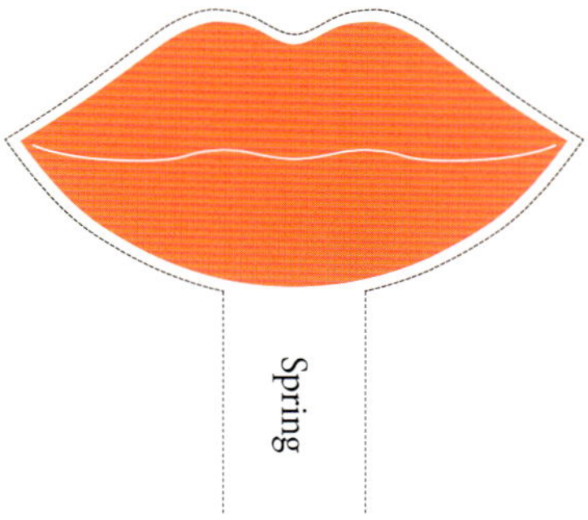

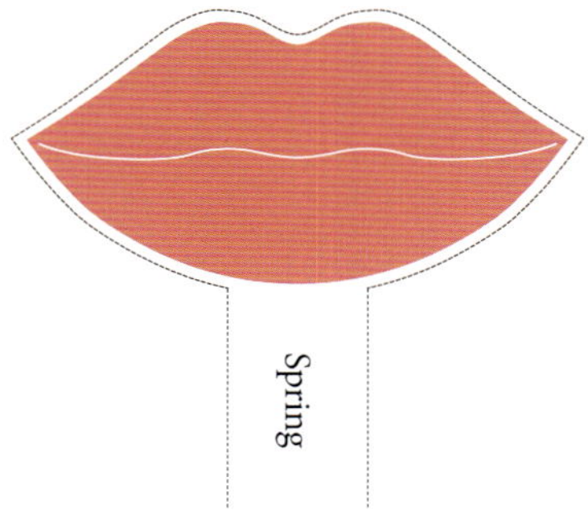

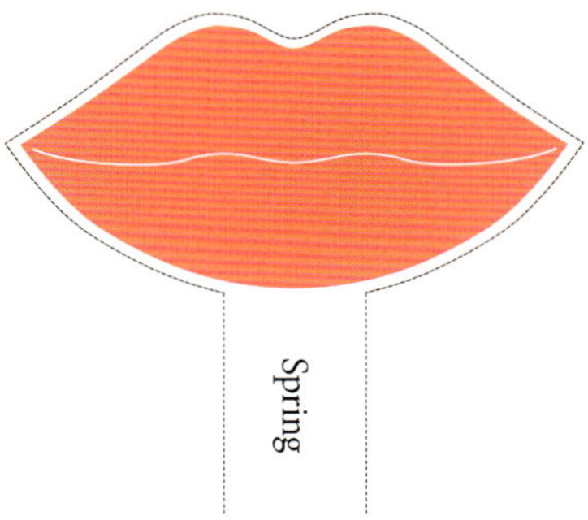

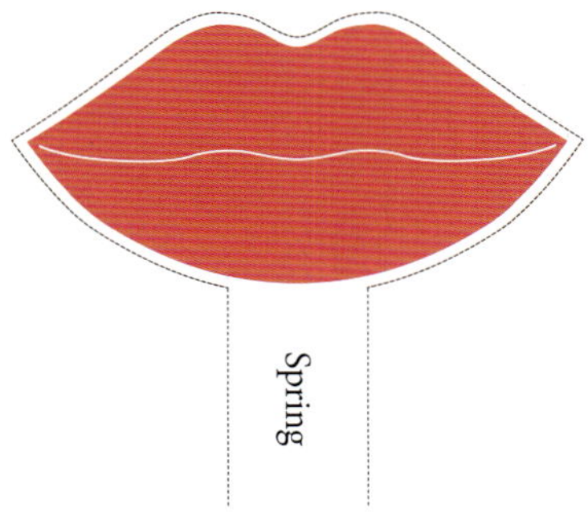

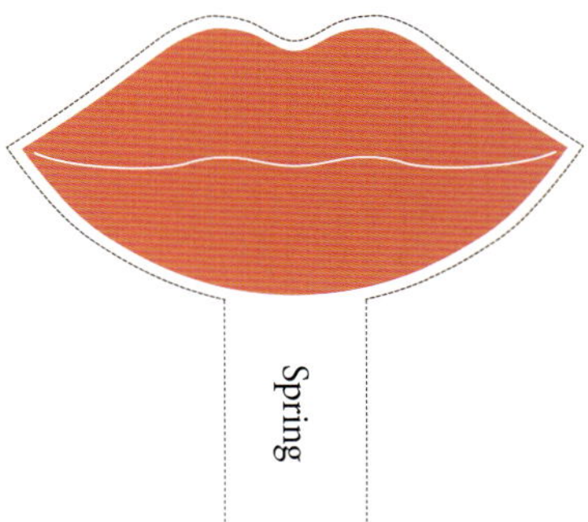

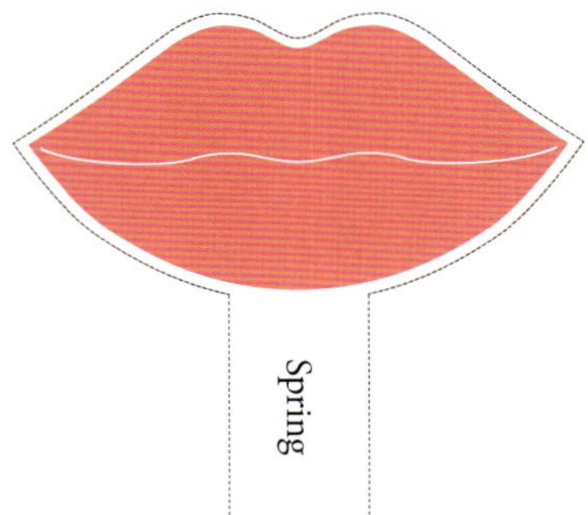

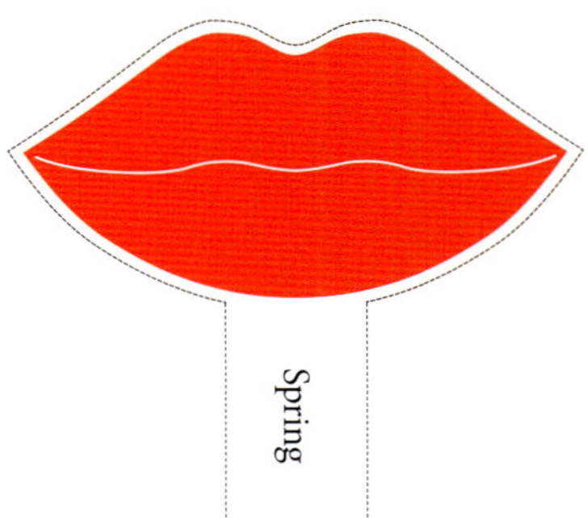

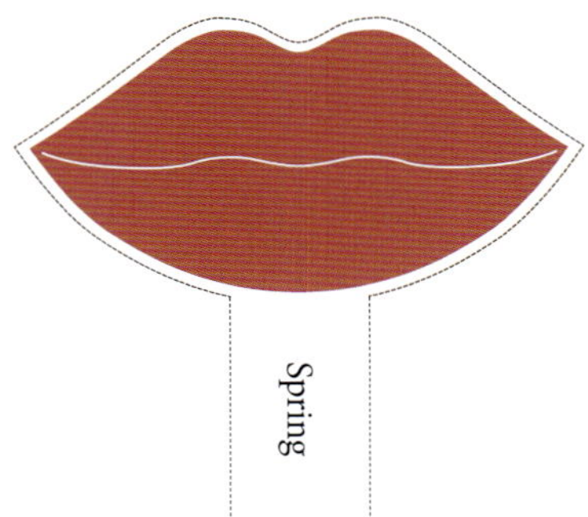

여름
Summer

가을
Autumn

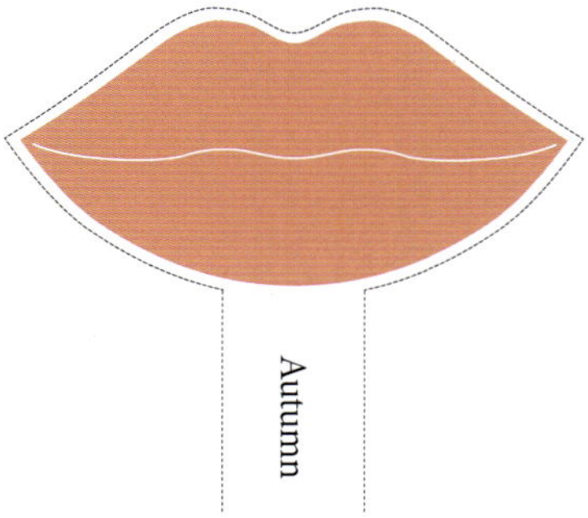

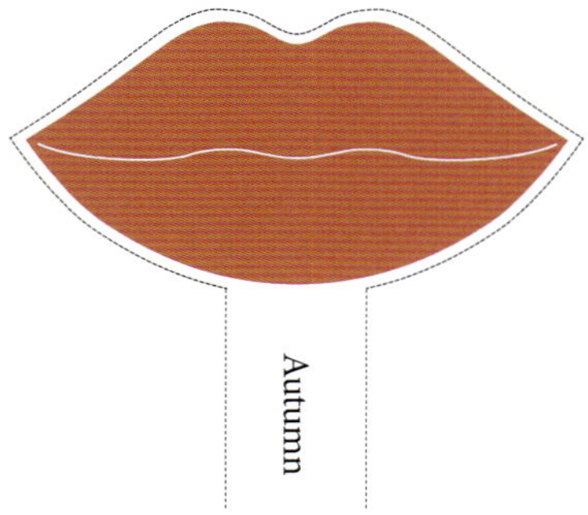

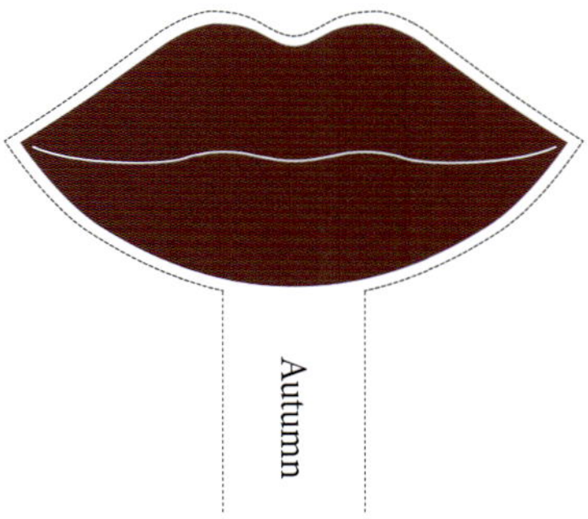

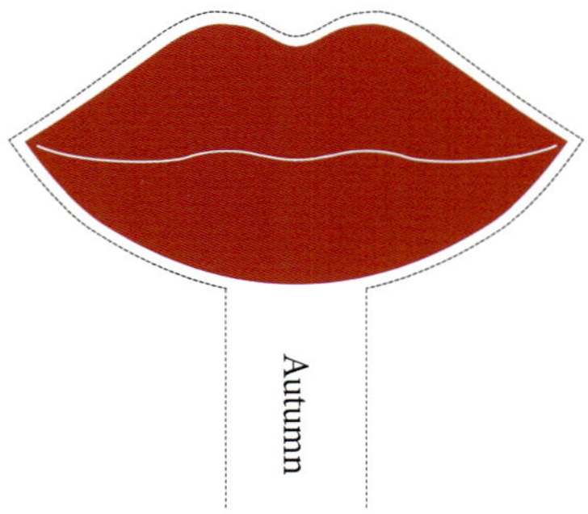

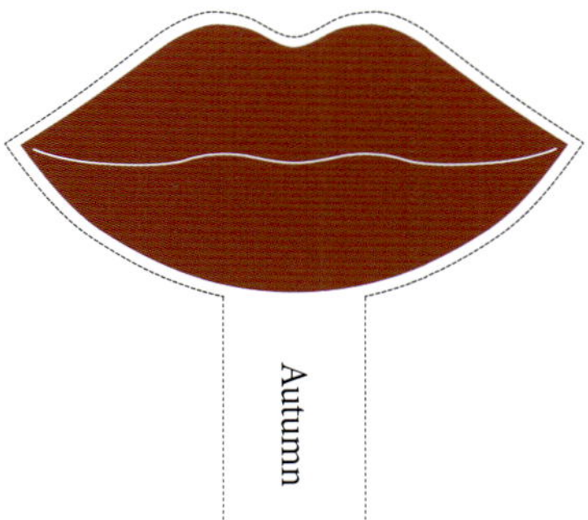

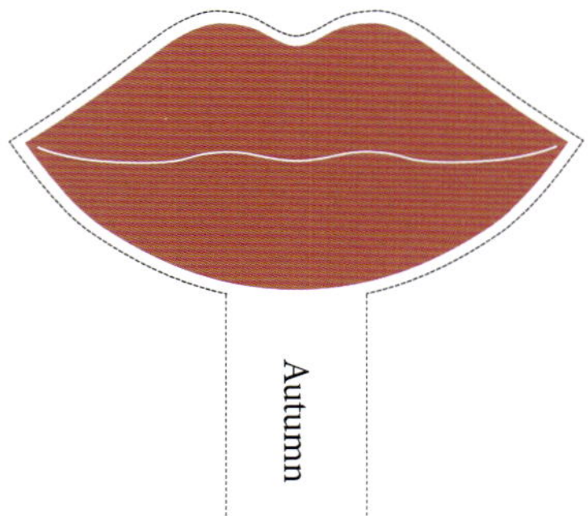

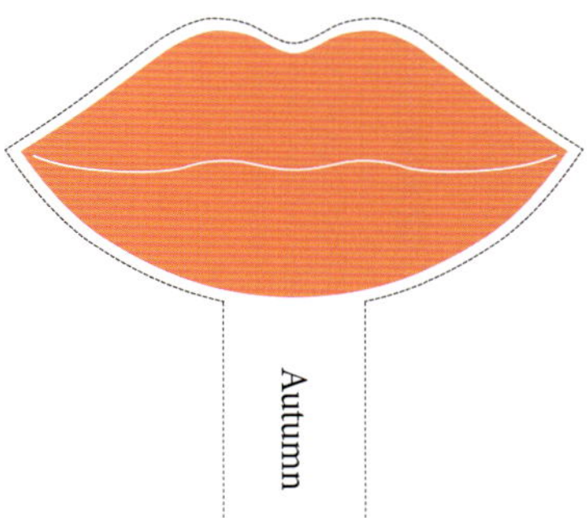

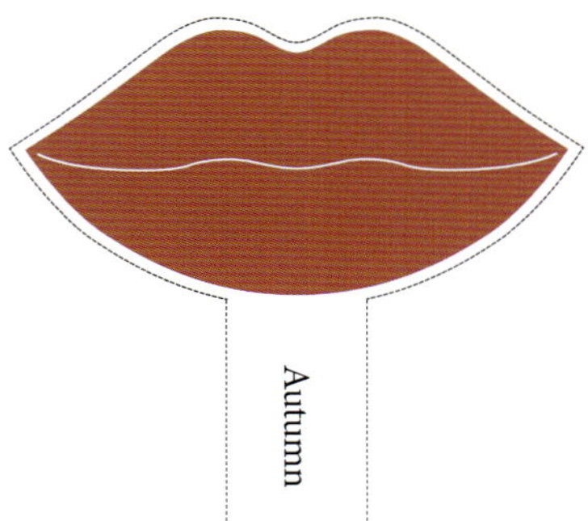

겨울
Winter

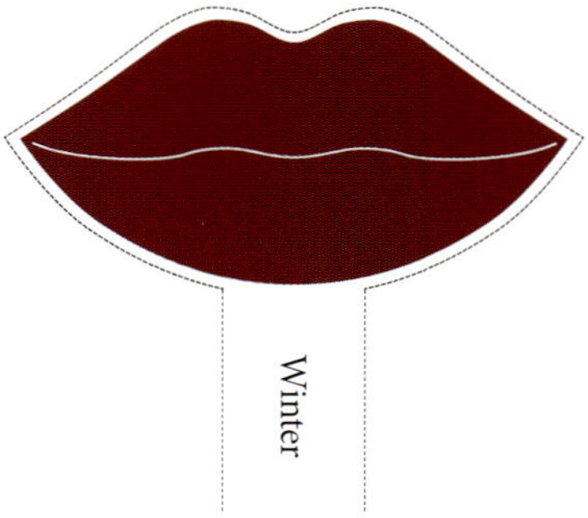

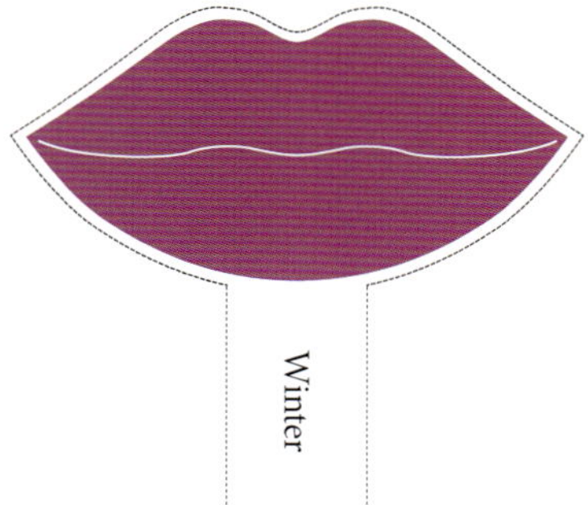

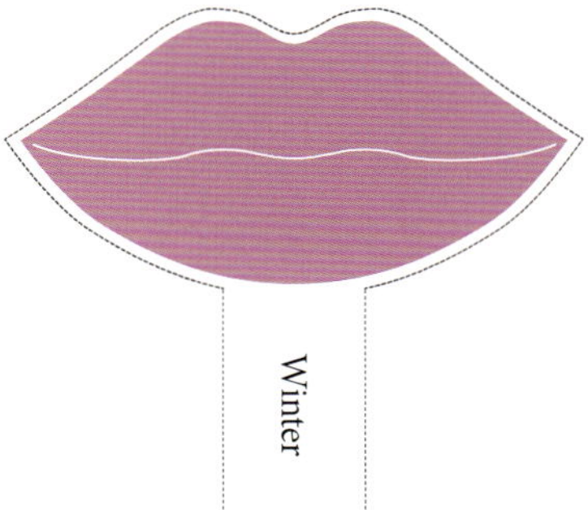

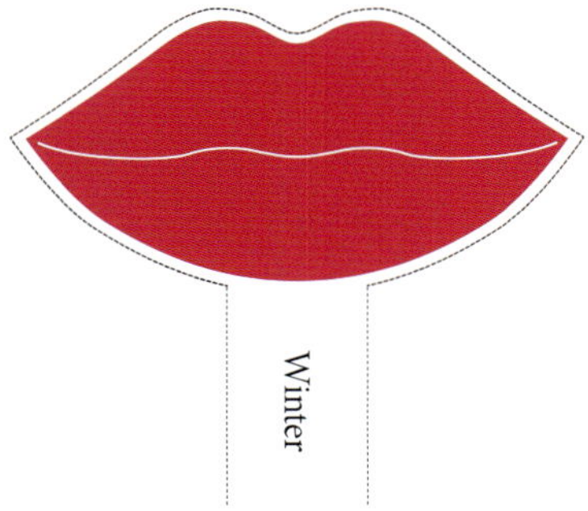

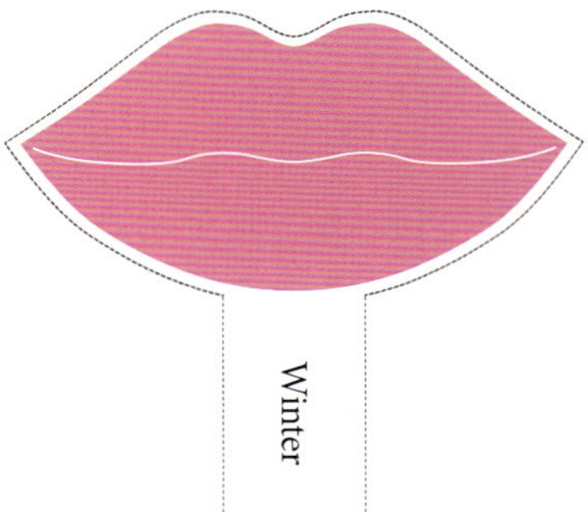

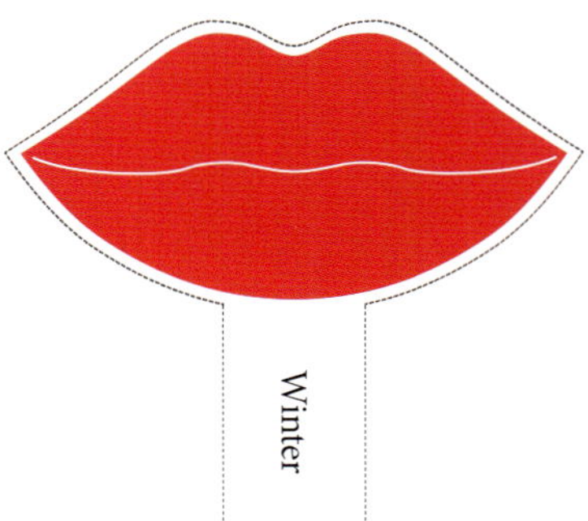

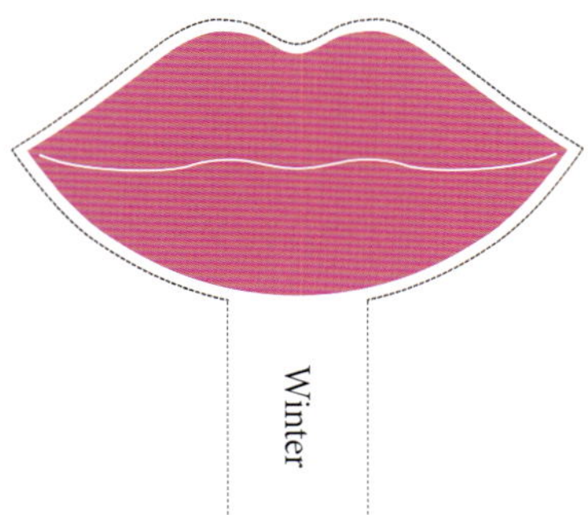

봄
Spring

Spring
봄

봄

Spring

Spring

봄

여름
Summer

Summer
여름

여름

Summer

Summer

여름

가을
Autumn

가을
Autumn

가을
Autumn

Autumn
가을

겨울
Winter

겨울
Winter

겨울
Winter

겨울
Winter

Spring

봄

Spring

봄

Spring

Spring

Spring

봄
Spring

봄
Spring

Spring

Summer

여름
Summer

여름
Summer

Summer

Summer

여름
Summer

여름
Summer

Summer

Autumn

가을

Autumn

가을

Autumn

Autumn

Autumn

가을
Autumn

가을
Autumn

Autumn

Winter

겨울
Winter

겨울
Winter

Winter

Winter

겨울
Winter

겨울
Winter

Winter